COLECCIÓN «LA OTRA MIRADA»

ROSANA NAVARRO SÁNCHEZ

SUFRIMIENTO, SILENCIO Y SABIDURÍA

Claves de un itinerario vital
desde Etty Hillesum

FONTE
GRUPO EDITORIAL

EDITORIAL
MONTE CARMELO

© Rosana Navarro Sánchez
© Grupo Editorial Fonte
P. del Empecinado, 1; Apdo. 19 - 09080 - Burgos
Tfno.: 947 25 60 61

www.montecarmelo.com
www.grupoeditorialfonte.com
editorial@grupoeditorialfonte.com

ISBN: 978-84-10023-21-5
Depósito Legal: BU-66-2024

Impresión y encuadernación
Grupo Editorial Fonte - Burgos
Impreso en España. Printed in Spain

Diseño portada: Cristian Nonato

La miseria de nuestro tiempo es, desde luego, pobreza, paro, ignorancia, hambre, barbarie devastadora; pero es también y, sobre todo, como se ve tan claramente en aquellas partes de la humanidad que están relativamente al margen de la miseria material, crisis de sentido, engendrada en un como infinito cansancio: como si ya todo se hubiera vivido, aunque se esté empezando, de hecho, a vivir. Como si no hubiera nada que hacer para cambiar y mejorar el mundo y la vida. He aquí, entonces, una de las misiones esenciales, hoy, de un intelectual: recordar que la vida en la búsqueda de la verdad es tanto valor y dolor como profundo gozo; y empezar por recordar, sobre todo, que semejante estilo de vida no sólo existe, sino que es un deber universal para todos los hombres.

Miguel García Baró

*A mi madre,
cuya sabiduría intuía, pero solo comencé a descubrir
cuando comprendí que su vida ha sido donación gozosa
desde la escucha y la receptividad.*

ÍNDICE

PARTE TERCERA

PRÓLOGO

Si nos invitaran a describir a la gran pensadora holandesa Etty Hillesum con una sola palabra, podríamos decir que es un púlsar. Los púlsares son pequeñas estrellas, de sólo diez o veinte kilómetros de diámetro, cuya característica principal es la cantidad de materia que acumulan: «como si toda la humanidad habitara en un dedal», dicen los astrónomos. Por eso poseen un campo magnético enorme y su luz, enfocada hacia un solo punto, es inmensamente potente, tanto que se les conoce como «faros del universo». Exactamente así fue Etty Hillesum: anónima en vida, de juventud convulsa, asesinada en Auschwitz por ser judía con solo veintinueve años, resulta ser una escritora sin igual, una maestra espiritual para todas las religiones y para quienes sientan inquietud en el alma, un faro del universo humano ahora y por siempre. Esta muchacha, que quiso ser «corazón pensante» de su tiempo, contiene en su interior las contradicciones de todas las personas y la energía de todos los santos, por eso su luz no deja de crecer ni dejará nunca de alumbrar.

Pues bien, este pequeño libro también es un púlsar. Lo demuestran la concentración extrema de su sabiduría, la intensidad de sus conceptos, la belleza de sus reflexiones, la luz de Etty, a quien la autora conoce y ama profundamente, y la propia luz de Rosana.

En sus páginas se desarrollan tres aspectos vitales esenciales: el sufrimiento, el silencio y la sabiduría, que Rosana identifica en Etty y con Etty. Ambas escritoras comparten la profundidad de sus propios caminos espirituales y de su cultura, y el resultado, intenso, desprende su propia luz.

Quien se introduzca en estas páginas, sepa que recibe una invitación a enriquecer su vida y a colaborar en la creación de un mundo mejor. Sepa que las palabras de Etty y las de Rosana le ofrecen la posibilidad de emprender un camino sinuoso como la sabiduría, ascendente como el sufrimiento e inspirador como el silencio. Un camino cuya meta es el propio interior.

Gracias de todo corazón a las dos.

Junio de 2023
Carmen Guaita, escritora.

INTRODUCCIÓN

Históricamente, se habla de él como maestro de vida: el *dolor*, «ese condenado» del que todos queremos huir, o evadir, y con el que tarde o temprano nos encontramos de frente o de lado.

¿Por qué un libro sobre el sufrimiento? Decidir escribir un libro sobre el sufrimiento, el silencio, la sabiduría y unos meses después encontrarse cara a cara con el dolor que desgarra el alma. El dolor más fuerte que es el de ver sufrir a los otros, esos entrañables otros a quienes debemos la existencia, la luz, la vida y parte de lo que hemos hecho con ella.

¿Por qué presentar la posibilidad de articular el sufrimiento con el silencio y la sabiduría? ¿Por qué abordar este tema precisamente cuando la realidad de cada día se nos muestra llena de noticias y denuncias que tienen que ver con vulneración de derechos, atropellos, violencia, exclusión? ¿No estamos ya desbordados e incluso hartos de estas situaciones?

Justamente, y, ante el progresivo aumento y diversificación de decisiones y de acciones de toda índole que desfiguran «lo humano» y que generan dolor y sufrimiento, urge una reflexión que, desde la perspectiva de la teología espiritual y en diálogo con otros modos de aproximación al asunto, pueda aportar una manera distinta de aproximación a esta realidad. Incluso, repensar el sentido del silencio, el silencio de Dios ante el sufrimiento, el silencio del que huyen muchos hombres y mujeres, o el silencio que buscan desesperadamente quienes están hartos de la vida que llevan.

Se pretende hacer evidente desde una experiencia de vida, como la de Etty Hillesum, la posibilidad de articular y aportar salidas en el dinamismo de la relación sufrimiento-silencio-sabiduría. Una intuición personal de la autora del presente libro.

La obra se estructura en tres partes o capítulos: la primera parte es una somera aproximación a las tres categorías centrales: *sufrimiento*, *silencio* y *sabiduría*, desde una interacción reflexiva con algunos autores y perspectivas de ayer y de hoy. Estas tres categorías son modos de hacer experiencia de la realidad, de vivir el día a día. Su interacción es principio de crecimiento y desarrollo en las personas, así como posibilidad de afirmación y promoción de humanidad.

En la segunda parte se examina con especial atención el itinerario de Etty Hillesum, a través de un recorrido por su *Diario* y sus *Cartas*. Se presenta en esta sección el modo como en Etty evoluciona su comprensión y su experiencia de sufrimiento, en estrecha relación con su aproximación al silencio y a la sabiduría, en su incansable búsqueda de respuestas y sentido. El recorrido realizado va dando cuenta del calibre, profundidad y riqueza de su itinerario, de los rasgos que fueron configurando su modo particular de responder a la realidad en medio de la complejidad de un mundo en situación de guerra y exclusión.

Así mismo, el modo como fue evolucionando la relación consigo misma, con los demás, con Dios. Al mismo tiempo que la queja y el reclamo ante el sufrimiento cedió su espacio al lenguaje propio del silencio, superando cualquier modo de resignación, se fue operando un cambio, una transformación profunda del «sinsentido» y el «caos», al «auténtico sentido» y «armonía». Se fue revelando la belleza de la vida, lo estético se mostró profundamente implicado en la demanda de «lo ético», «el otro».

La tercera parte de la obra intenta trazar algunos rasgos que hagan viable y posible hoy, en medio de nuestras circunstancias, un itinerario que recupere los significados del sufrimiento, que supere los temores hacia el silencio, que recorra y se aproxime al genuino sabor de la experiencia de vivir. Porque, aún en medio de las más difíciles, absurdas e inhumanas condiciones, la «vida es bella» a pesar de todo (expresión constante de Etty en el desarrollo narrativo de su *Diario* y sus *Cartas).*

PARTE PRIMERA

APROXIMACIONES AL SUFRIMIENTO, AL SILENCIO Y A LA SABIDURÍA

1.1 Acerca del sufrimiento

El lenguaje del dolor es boca del tiempo y mirada de la sangre que mana cuando el cuerpo se sabe amenazado. Decir que somos lenguaje y dolor es inapropiado. Decir que el dolor da vida a las letras y las letras lenguaje al dolor es cierto: las intersecciones entre lenguaje y dolor nunca acaban.

Arnoldo Kraus

La complejidad de acontecimientos que suceden cada día en el mundo pone en evidencia diversas «crisis»; entre ellas, la crisis de «lo humano» en la que se acentúa la experiencia de vulnerabilidad. Vulnerabilidad vulnerada por la experiencia del dolor y el sufrimiento.

Dolor y *sufrimiento* son dos términos que usamos cotidianamente[1]. En una perspectiva que desborda a la cien-

---

[1] La International Association for the Study of Pain (IASP) plantea como definición del dolor «una experiencia sensorial y emocional displacentera con lesión tisular real o potencial, que es descrita en tales términos por el sujeto que lo padece» (Merskey and Bogduk, «Pain Terms: A Current List with Definitions and Notes on Usage»). Traducción propia.

cia médica, el dolor se nos presenta como una realidad que, después de muchos esfuerzos por definir y aclarar, es un asunto que nos supera porque implica la totalidad del ser humano, porque es verdaderamente algo que, cuando se padece, excede el universo de las palabras con las cuales lo podemos describir, nos resulta ininteligible, único.

Dentro de las muchas aproximaciones a este asunto, no existe hasta el momento una única definición, tampoco existe una perfecta distinción entre dolor y sufrimiento; pues, aunque el sufrimiento es considerado como la perspectiva subjetiva del dolor, esta precisión se suele disolver ante la gran variedad de aproximaciones en las que se precisa el uso de ambos términos indistintamente. Interesa más en este escrito aproximarnos desde una mirada mucha más integradora del ser humano, enriquecida por algunas comprensiones de la teología, la filosofía, la psicología, entre otras.

Para los psiquiatras de la escuela fenomenológica[2], por ejemplo, el dolor no se puede reducir a una sensación o percepción; el dolor es un sentimiento desagradable y, por tanto, es sufrimiento por cuando es vivido y padecido por «alguien». Para las culturas antiguas, el dolor era el efecto producido en el cuerpo debido a la invasión de «espíritus malignos», de demonios. Los encantamientos y los exorcismos constituían el modo usual de combatir el dolor o la enfermedad en el caso de las culturas del Egipto antiguo. Se buscaba ejercer una influencia sobre los invasores[3].

Remontándonos a los tiempos de Aristóteles[4], el dolor era concebido como un tipo específico de emoción que tocaba al ser humano en lo más hondo de su intimidad. Incluso, como afirma Paula Arizmendi:

---

[2] Para una mejor comprensión del tema, véase el artículo de MARINA GONZÁLEZ, «Psiquiatría y dolor crónico».

[3] Ver a MEJÍA, DÍAZ Y PAULO, «El Médico ante el dolor humano».

[4] ARISTÓTELES, *Ética Nicomaquea*, 162-164.

En la antigua Grecia, ya Esquilo atestiguaba en su tragedia *Agamenón* esa verdad que antaño era lugar común: que el camino hacia la sabiduría tenía que pasar por la vereda del sufrimiento. No era la felicidad o el placer aquello que llevaba al conocimiento, era su contrario, el arduo camino del sufrimiento: «Porque Zeus puso a los mortales en el camino del saber, cuando estableció con fuerza de ley que se adquiera la sabiduría con el sufrimiento»[5].

Con Descartes[6] se comenzó a difundir la idea del dolor como una disfunción biológica. Sin embargo, desde los estudios de Freud se afianzó la dimensión afectiva del dolor. Para este autor[7], el sufrimiento amenaza al ser humano desde tres frentes: el cuerpo, que está condenado a la descomposición y la disolución, y que no puede prescindir del dolor y la ansiedad como señales de advertencia; el mundo externo, que puede enfurecerse contra nosotros con fuerzas destructoras abrumadoras y despiadadas; y, finalmente, nuestras relaciones con otros seres humanos. Hace énfasis en que el sufrimiento que proviene de las relaciones con otros seres humanos es quizás más doloroso para nosotros que cualquier otro.

Avanzando un poco más en la comprensión del sufrimiento, compartimos la idea de Ignasi Fuster[8] de afirmar el sufrimiento como *mal*. En este sentido, García Baró afirma que el dolor «es la experiencia consciente del mal, la experiencia del mal como mal, o, en otras palabras, la experiencia del mal en su maldad»[9]. Pues, a su manera de ver, el mal más malo, si se puede hablar así, es el que arre-

---

[5] ARIZMENDI, *Tras la sabiduría perdida del dolor*, 380.

[6] DESCARTES, citado por López-Muñoz y Álamo, *El tratado del hombre: interpretación cartesiana de la neurofisiología del dolor*, 241y ss.

[7] FREUD, *El malestar en la cultura*.

[8] FOSTER, *Perspectiva antropológica del sufrimiento*.

[9] GARCÍA BARÓ, *Del dolor, la verdad y el bien*, 47.

bata el sentido y lleva al ser humano al sinsentido total; y esto hace el dolor.

Por lo anterior, hay quienes llegan a afirmar que en el dolor hay «un exceso de existencia»[10], y seguramente así es, el relato de tantos sufrientes así lo viene atestiguando, uno de ellos es Etty Hillesum. Nuestra existencia toda está preñada de sufrimiento, en el cuerpo, en la mente, en el espíritu. Aun así, el ser humano se resiste al sufrimiento, buscamos por todos los medios evitarlo, construimos la vida tratando de hacerla llevadera, ligera. Incluso, para algunos creyentes, la oración se convierte en la opción para garantizar una vida sin sufrimiento, o para pedir a Dios que aleje toda posibilidad de sufrimiento.

La negación del dolor como componente necesario del mundo ha tenido un tardío florecimiento en la posguerra. Son estos unos años que se señalan por una extraña mezcla de barbarie y humanitarismo; se parecen a un archipiélago en el que los islotes de los vegetarianos estuvieran situados al lado mismo de las islas de los antropófagos. Un pacifismo extremo al lado de un incremento monstruoso de los equipamientos bélicos[11].

En estas circunstancias, vale la pena preguntarse: ¿cuál es el sentido del sufrimiento?, ¿por qué en una sociedad como la que vivimos, con toda clase de avances y logros científicos y técnicos, el ser humano, sin importar su nivel educativo o económico, no ha podido suprimir el sufrimiento de su vida? Más aún, ¿por qué pareciera que, a mayor progreso científico-técnico, subsiste una buena parte de la humanidad en condiciones de profunda carencia y sufrimiento?

---

[10] BÁRCENA, «La prosa del dolor. El aprendizaje de un instante preciso y violento de soledad», 65.

[11] JUNGER, *Sobre el dolor. Seguido de la movilización total y fuego y movimiento*, 3.

Pensar el sufrimiento humano es aproximarnos a nuestra existencia y pensar desde ella. A diferencia de las aproximaciones abstractas y puramente discursivas, el sufrimiento nos confronta, nos interpela y cuestiona el sentido de lo humano que somos y aspiramos a ser. El sufrimiento aparece ante la enfermedad, ante la muerte, es el riesgo propio de la vulnerabilidad de la vida, la vulnerabilidad de nuestras relaciones, y es consecuencia de lo que Marcel denomina la «negación del ser»[12]. Esta negación se hace evidente en la traición a «lo humano», debido a la preferencia del tener sobre el ser, al reemplazo del ser por la función y a la desnaturalización e instrumentalización del ser humano.

Nuestra *incompletud*, si así la podemos llamar, se muestra como una ansiedad infinita evidenciada en la vulnerabilidad, que de modo particular se expresa en la alteridad doliente de otro ser humano. Este es el origen y la raíz de nuestra tarea y de nuestra esperanza en el mundo.

Pero hay algo que es importante señalar desde la advertencia de García Baró[13], se trata de la inadecuación esencial del dolor en cuanto la experiencia que de él tenemos no está completa, siendo tan sólo un modo de ser del dolor. Esto hace que mantengamos una distancia de la maldad del mal en cuanto tal, puesto que, por un lado, el dolor que experimentamos es solo «un cierto dolor», «un fragmento del mal» y, por otro lado, se suele interpretar solo parcialmente debido a la limitación misma de la experiencia del dolor y a la presencia del miedo que provoca que el dolor se extienda y se perpetúe en el tiempo.

A manera de conclusión de esta parte, podemos afirmar que el dolor es una realidad presente, que nos supera y nos desborda, es más que solo una percepción o sen-

---

[12] MARCEL, «Presencia e inmortalidad», 531.

[13] GARCÍA BARÓ, *Del dolor, la verdad y el bien*, 55-59.

sación. Se evidencia como sentimiento desagradable en cuanto es padecido por alguien. En relación con el sentido del dolor y el sufrimiento, desde la antigüedad griega se considera el sufrir como el camino o ruta a la sabiduría.

Una mirada a la filosofía contemporánea da cuenta de la comprensión del sufrir como mal, como experiencia del mal en toda su maldad. Se llega a afirmar la experiencia del dolor como un «exceso de existencia», como queriendo mostrar que la vida intensamente vivida es también dolor que se gesta y crece en lo humano.

A pesar de estas progresivas evidencias acerca del dolor, aún muchas personas pretenden negarlo, buscan un ideal de vida sin dolor. En algunos casos, para ello se acude a la oración como garantía de una vida exenta de dolor. En otros casos, se acude a la ciencia y a la tecnología como garantes de la plenitud de la vida humana sin dolor. En ambos casos, se trata de salidas fallidas y ausentes de esa conciencia propia de quien reconoce su humanidad, que también se expone y se quebranta.

El dolor está ahí, está aquí como parte sustancial de nuestra *incompletud*, evidenciada en nuestra condición vulnerable. Un dolor que solo se nos presenta de modo parcial, al tamaño de nuestra limitada capacidad para comprenderlo y experimentarlo.

1.1.1 Sufrimiento: breve bosquejo desde algunas tradiciones religiosas

> *He cometido el mayor de los pecados que un*
> *hombre puede cometer. No he sido feliz...*
> Jorge Luis Borges

En todas las religiones, el asunto del dolor ha tenido un lugar y un significado. En el caso del *budismo* la experiencia del dolor es central. El dolor como realidad ineludible requiere la búsqueda del nirvana como medio para poder liberarlo. De allí que su inspiración tome las páginas centrales del discurso de Buda en las «cuatro verdades». Estas verdades se resumen así: la primera de ellas es que «estamos enfermos» y que nuestra vida no es plenamente feliz, pues lo que creemos que nos da la felicidad en realidad es efímero y pasajero (dinero, salud, amor). La segunda verdad afirma que el deseo que habita en lo más profundo de nuestro ser, y que expresa el anhelo de la existencia, es la causa del dolor. Por ello buscamos salud, fama, dinero, amigos, pareja, etc. Creemos que, al tenerlos, llega la felicidad. Esta situación nos atrapa en un círculo de existencia que no satisface. La tercera verdad afirma que se puede superar el sufrimiento mediante el nirvana, pues el Buda lo ha logrado. La cuarta verdad indica el modo de acceder al nirvana: correcta visión, acción, meditación[14]. El nirvana como la gran meta de sabiduría es para el budismo el propósito central de la vida del ser humano que quiere lograr la conciencia espiritual, la iluminación, la sabiduría y la compasión supremas.

En las religiones monoteístas abrahámicas, subiste la pregunta: ¿Cómo es que Dios que es bueno y salva, consiente el sufrimiento?

En concreto, desde la perspectiva del *islam*[15], se plantea la comprensión del Dios único, diferente y supremo, y su *gadar* o decreto mayor en el que está consignado el destino de cada ser humano, del mundo y de la historia. No obstante, no se afirma la predestinación: más bien, cómo todo lo que sucede en el nivel personal y social en la historia tiene su fuente en Dios; y esto incluye también el sufrimiento, como su voluntad. Por ello el creyente debe respetar y aceptar el sufrimiento, tener presen-

---

[14] Ver a Pérez, «El dolor y el sufrimiento en las grandes religiones», 47.
[15] *Ibíd.*, 49.

te que el único y definitivo consuelo está en Dios, ya que todo reposa en él.

Para el *judaísmo*, en el escenario bíblico del Antiguo Testamento, el sufrimiento se consideraba como expiación a causa de una trasgresión. La enfermedad y el dolor constituían el motivo para juzgar al que sufría, quien era así estigmatizado, acusado como culpable. Este considerar el sufrimiento como un modo de purificarse del pecado quedó seriamente en entredicho con la experiencia de Job. ¿Cómo explicar el sufrimiento del justo? ¿Cómo entender su padecer cuando no cometió pecado? De este modo, se plantea otro sentido al sufrimiento como lugar de la prueba, de la recomprensión de la experiencia de vivir, de la experiencia de Dios.

El sufrimiento desproporcionado de Job, el mal que padece sin merecerlo, da cuenta de un elemento que en la tradición judía hasta el momento no se consideraba: el mal no está ligado al obrar humano. El mal en sus mínimas y máximas expresiones afirma su verdad, está ahí, donde quiera que «lo humano» se exprese, casi como parte y condición de su humanidad. Job sobrellevó el mal y sus padecimientos amparado en la fe que le hizo posible sostenerse aún en la conmoción de su humanidad quebrantada, del estar expuesto en la total vulnerabilidad. Fue capaz de pronunciarse en la experiencia de sus heridas, en la experiencia de la noche de su vida.

Según Francisco Ibarmia[16], para el judaísmo el asunto no consiste en plantearse el modo de enfrentar el dolor, se trata más bien de mostrar que el mal no viene de Dios y que el único responsable es el ser humano. Sólo mucho más tarde, después del destierro, se vislumbra en el sufrimiento un sentido de esperanza.

---

[16] IBARMIA, «Teología del dolor en la Biblia».

En el Salmo 73 se refleja la pregunta del israelita que no entiende la razón del sufrimiento de los justos. Aun así, su fe no desfallece y, finalmente, justifica a Dios: «Qué bueno es Dios para el justo, el Señor para los limpios de corazón.»

En conclusión, al ver el recorrido del Antiguo Testamento, en general el pueblo judío veía el dolor como castigo. Sin embargo, la experiencia de Job ampliará la perspectiva, pues se trata del dolor de un inocente. De manera que el dolor acecha aún más allá de la culpa. Incluso el profeta Ezequiel hablará del fin de una vieja afirmación: «...los padres comen uvas agrias y a los hijos se les destemplan los dientes [...] nunca volveréis a repetir ese refrán en Israel» (Ez 18,2-4). Incluso habrá otras razones que mostrarán la utilidad y sentido del dolor en su carácter purificador (Jr 9,6; Si 2,5; Sb 3,4-6). También acerca del dolor de unos para el bien de los otros (Za 12,10; Is 33,4-5; 2M 7,38).

En la perspectiva del *cristianismo*, el dolor es inevitable porque es parte de la condición humana. Desde el Antiguo Testamento, y en particular desde la experiencia vital de Jesús, la misericordia se constituye en esa novedad muy propia de la expresión del ser de Dios. Su fuerza consuela y, además, resignifica el sufrimiento incluyendo sus efectos.

Si en el Antiguo Testamento Job representa una actitud humana en relación con el mal y el sufrimiento, en el Nuevo Testamento Jesús es la afirmación del dolor que se asume en libertad. Incluso, Jesús anuncia la cruz como condición para el seguimiento (Lc 24,27; Mc 8,34; Lc 9,23). En su vida pública, Jesús se conmueve ante el dolor de los que sufren. Sus signos y milagros muestran su deseo de atenuar el dolor de los otros. Sin embargo, él mismo se resiste y expresa su temor ante la inminencia del momento del sufrimiento (Mc 14,36).

Un asunto es importante, en el caso de Jesús: el dolor no está asociado al castigo. Él lo deja claro en el caso del ciego de nacimiento (Jn 9,1-4).

En los Evangelios, más allá de presentársenos una explicación sobre el sufrimiento, se nos narra paso a paso el detalle del sufrimiento mismo encarnado en la persona de Jesús en el proceso de la pasión hasta su muerte. Un sufrimiento que asumió como parte de su entrega generosa, su *kénosis*. En este sufrimiento y en la muerte se abre paso un nuevo sentido de esperanza en la resurrección.

1.1.2 Sufrimiento y vulnerabilidad

Decir vida humana es afirmar la posibilidad de disfrutar alegre e intensamente de ella, y con ello también la ineludible experiencia del dolor, y por tanto del sufrimiento. Ir al fondo del dolor, del sufrimiento humano, es una tarea que ha implicado dejarse permear completamente por dicho dolor; en este caso, a través de la experiencia de la enfermedad de ese otro entrañable que está a mi lado. Porque el dolor que más duele no es el propio dolor, es el dolor de ver el dolor del otro y verse uno mismo en imposibilidad de disminuirlo o disiparlo[17].

Así que el dolor es un asunto inevitable, que hace parte de lo que somos, que nos llega antes o después, de un modo o de otro, con diversidad de intensidad y duración. No hay ser humano sin dolor, o dejaría de ser humano. El dolor se hace sufrimiento en función del daño que nos causa, de nuestra reacción frente a él.

¿Pero qué es o qué contiene el dolor? ¿Por qué la vida supone dolor? Ya sobre estas preguntas muchos pensadores han llevado a cabo sus reflexiones. Hoy, en la perspec-

---

[17] Sobre esto último, véase a García Baró, *Del dolor, la verdad y el bien*, 43ss.

tiva de una teología creyente, soportada en su fuente espiritual, es posible reafirmar lo que atrás expresábamos y que está en total sintonía con los planteamientos de Torres Queiruga:[18] la realidad del dolor tiene a la base otra realidad, la de la finitud propia de nuestra condición humana. Realidad que incluso ya Leibniz había planteado. Al responder a la pregunta *¿de dónde viene el mal?*, reconoce lo que denominó «limitación esencial de la creatura»[19]. Asunto este difícil de digerir, por cuanto subsiste en los seres humanos un deseo de negación de la propia condición finita, que en últimas es la que nos constituye. Condición que nos habla de la vulnerabilidad, esa fragilidad congénita propia de todos y cada uno de los seres humanos.

No se puede desconocer el papel que juega la libertad humana como responsable de ciertos tipos de dolor ocasionados por las injusticias, la violencia, la discriminación; o el papel de las fuerzas naturales que en su «furia» destruyen y causan múltiples destrozos humanos. Sin embargo, más allá está la pregunta que permanece a la base de toda la reflexión de la teodicea... la incógnita de la bondad de Dios y el mal en el mundo.

No obstante, como antes se ha descrito, el dolor no es otra cosa que expresión y manifestación de la vulnerabilidad que somos. En cualquiera de sus ámbitos, el dolor evidencia la impotencia humana y conduce a «afirmar mi vulnerabilidad en este hoy, que me viene doliendo desde hace un tiempo.» Vulnerabilidad vulnerada en la vulnerabilidad y absoluta indefensión del otro, en la total fragilidad, encuentro tú a tú con el límite, con la brutal contingencia de la realidad que se dice deshaciéndose, o quizás haciéndose de otro modo aún incomprensible.

---

[18] TORRES QUEIRUGA, «La realización concreta de la esperanza: el mal desde la cruz y la resurrección».

[19] LEIBNIZ, Citado por Torres Queiruga, *Repensar el mal*, 19.

El dolor duele y lleva al sufrir. El dolor habla del mal que habita también la realidad. El dolor lo es porque el mal nos paraliza. Y, aun así, el dolor es el encuentro con la verdad más profunda y humana, con la verdad que, una vez se mira a los ojos, se tropieza con las lágrimas de la divinidad conmovida hasta la total debilidad.

1.1.3 Sufrimiento humano y silencio de Dios

El asunto que subyace al problema del sufrimiento es en el fondo la ausencia de compatibilidad entre la omnipotencia divina y la bondad. De muchos modos se han manifestado al respecto escritores y pensadores durante la historia. También aquellos que sorprendidos por el sufrimiento han buscado contar su experiencia. A partir de estas diferentes posiciones y expresiones, Julio Lois[20] plantea cuatro tipologías de respuesta a la problemática del mal: la primera de ellas caracterizada por la protesta y objeción contra Dios, de tal modo que incluso se llega a proponer el prescindir de él, por compasión con el ser humano. Es famosa la sentencia de Lactancio, que en el Capítulo XIII de su obra *De ira Dei*, hace decir a Epicuro:

> O Dios quiere suprimir el mal y no puede hacerlo, o puede hacerlo y no quiere, o no puede o no quiere hacerlo, o es capaz de hacerlo y quiere hacerlo. Pues bien, si quiere y no puede hacerlo, entonces es demasiado débil, lo cual no puede decirse de Dios. Si puede hacerlo y no quiere, entonces Dios es malévolo, cosa que tampoco puede decirse de Dios. Si no quiere y no puede hacerlo, entonces no solo es malévolo sino también débil y, por tanto, no es tampoco Dios, ¿entonces, de dónde proceden los males y por qué Él no los elimina?[21].

En este sentido, según Fernando Cardona, «Epicuro no pudo ver con la suficiente claridad que el mal mue-

---

[20] LOIS, «El silencio de Dios y el sufrimiento del hombre», 9-41.

[21] LACTANCIO, *De ira Dei*, 1884, 1,13.

ve en la contradicción a buscar una cierta proximidad con Dios. Al contrario, Lactancio vio que el concepto de Dios y del mal parecen ser compatibles»[22]. También la sospecha de Albert Camus:

> Se conoce la alternativa, o bien no somos libres y Dios todo poderoso es responsable del mal, o bien somos libres y responsables del mal, pero Dios no es todopoderoso. Todas las sutilezas de escuela no han añadido o quitado nada a lo decisivo de esta paradoja[23].

Por ello, finalmente, Camus va a postular el ateísmo como una forma de clemencia para con el ser humano. Para ello se valió de la frase de Stendhal: «La única disculpa que puede encontrársele a Dios es que no existe»[24].

La segunda respuesta es la de quien pregunta incesantemente a Dios, le increpa, pero aun así mantiene la fe y la confianza en Él. Es el caso de varios de los testigos y místicos que vivieron el holocausto. Entre ellos Wisel y Rákover. Esta segunda respuesta supera la preocupación racional y se centra en la experiencia propiamente espiritual que brota como fuente que desde la existencia misma nutre y colma de esperanza en medio del dolor o del aparente sinsentido. La tercera respuesta apuesta por una teodicea que explique racionalmente la existencia del mal y su convergencia con la existencia de Dios. Por último, la cuarta respuesta busca como alternativa un nuevo tipo de teodicea.

En este último tipo de respuesta, Lois presenta la posición de Moltmann, de Metz, de Estrada. En particular, la propuesta de Moltmann está muy cercana a la forma como

---

[22] CARDONA, *Mal y sufrimiento humano, un acercamiento filosófico a un problema clásico*, 85.

[23] LOIS, «El silencio de Dios y el sufrimiento del hombre», 14.

[24] STENDHAL, citado por Ballano, *Stendhal en España, un siglo de recepción crítica*, 99.

Etty Hillesum concibe la compatibilidad entre Dios y el mal. Se trata de encontrar, como condición para la omnipotencia divina, la propia fragilidad e indefensión. De modo que lo que hace a Dios todopoderoso es justamente que también experimenta la fragilidad y la impotencia y, en ello, las consecuencias del mal y las implicaciones del sufrimiento.

A este punto es importante agregar, de acuerdo con Cardona[25], que, puesto que sólo el bien tiene profundidad y por tanto es lo único que puede ser radical, también es necesario admitir que el ser humano posee en su racionalidad la exigencia de «lo incondicional», pero dicho requerimiento no puede realizarse en el mundo real. De modo que el bien en su deseo de máxima realización solo permanece «en el campo de la siempre esperanza indeterminada»[26]. Así las cosas, el mal se visibiliza debido a «la antinomia existente entre la realización de la ley moral y la tendencia hacia la totalización de la existencia»[27]. De modo que esto puede explicar la existencia y el desastre de los totalitarismos que en su deseo de totalización de la existencia suprimieron al ser humano.

La exigencia de «lo incondicional» a la que el autor se refiere, indica que hablar del sufrimiento y de Dios supone ponerse en la esfera de «eso incondicional», y el ser humano no tiene otro recurso aquí que su propia vulnerabilidad, en cuanto límite que señala en la fragilidad de lo humano esa fisura, esa fractura que justamente abre al ser humano a la esperanza, a la posibilidad que le presenta la confianza en lo infinito imposible de experienciar en su totalidad.

Esto, en perspectiva teologal, es simplemente el paso a la vivencia profunda, la experiencia del Misterio. Se

---

[25] CARDONA SUÁREZ, *Mal y sufrimiento humano. Un acercamiento filosófico a un problema clásico*, 322-328.

[26] *Ibíd.*, 327.

[27] *Ibíd.*

cuenta que el cardenal Veuillot, arzobispo de París, luego de padecer un cáncer y estando a punto de morir llegó a aconsejar a los sacerdotes guardar silencio ante el sufrimiento: «Nosotros sabemos decir frases hermosas sobre el sufrimiento. Yo mismo he hablado de ello con calor. Decid a los sacerdotes que no digan nada. Nosotros ignoramos lo que es sufrir y yo ahora lloro sufriendo»[28]. Hay entonces una intuición en medio de la búsqueda de respuestas, para lo cual el silencio es parte fundamental del camino.

Todo parece indicar que la pregunta por el mal y el sufrimiento, de cara a la bondad de Dios, puede tener una salida al caer en la cuenta de su íntima y estrecha interacción con la experiencia de la vulnerabilidad y del dolor. La vulnerabilidad, esa fisura que nos quebranta es, a la vez, la hendidura que deja pasar y entrever.

En la Sagrada Escritura, la Palabra de Dios sale al encuentro del ser humano. Es palabra que crea, que ama, que perdona. También es palabra que invita al silencio y más aún, se hace silencio. Que en ocasiones choca con la queja y el ruego del salmista: «Escucha mi súplica, Yahveh, presta oído a mi grito, no te hagas sordo a mis lágrimas. Pues soy un forastero junto a ti, un huésped como todos mis padres» (Sal 39,12). «¡Oh Dios, no te estés mudo, cese ya tu silencio y tu reposo, oh Dios!» (Sal 83,1).

El silencio de Dios inquieta y afecta nuestros esquemas, es un desafío para nosotros, pues nos saca de esa comodidad de quien espera su acción, y, al contrario, nos lanza a reconocer en la «no palabra» esos otros modos de su Presencia: en el dolor, en la muerte, en rostros concretos que no quisiéramos ver.

En esta perspectiva, el silencio de Dios es en realidad señal de su profunda cercanía, de su sigilosa presencia

---

[28] GÓMEZ NAVARRO, *¿Por qué a mí? ¿por qué ahora? Y ¿por qué no? Sentido del sufrimiento*, 15.

también en el lugar y el escenario del dolor y de la desolación, de la vulnerabilidad, esa sensación de caminar permanentemente sobre una cuerda floja.

Por lo anterior, asumir el dolor por el dolor no es una opción que humaniza. Entre las posibles salidas, proponemos una: la ruta del silencio.

1.2 El silencio como parte de la vida

> *Nos esforzamos por ser y, finalmente,*
> *no llegamos más que a existir.*
>
> Simone de Beauvoir

En un mundo desbordante de sonidos y de ruidos, el silencio solo asoma tímidamente en algunos escenarios que pasan desapercibidos. ¿Pero cuál es el sentido del silencio en la vida del ser humano? O, ¿tendríamos que hablar de los sentidos del silencio?

El *silencio*, un gran ausente de nuestro tiempo y, a la vez, el tesoro buscado por muchos hombres y mujeres en su deseo de hallar sosiego y sentido. Del latín *silentium*, que viene del verbo *silere* y significa «estar callado, callar», es el tesoro de los místicos, de los poetas y los artistas.

Hay silencios cómplices, silencios de terror, de muerte, silencios de oscuridad y sin sentido, silencios de dolor sin nombre, silencios que requieren re-comprenderse, descubrir su victoria en la derrota.

Manuel López[29] habla de la necesidad de depurar el silencio, y seguramente así es. En la vida nos encontramos con varios tipos de silencio, incluso los experienciamos: hay un silencio de la angustia que nos comprime en momentos difíciles, de dolor. Ese silencio que no sabe decirse porque

---

[29] LÓPEZ CASQUETE, *La reconciliación interior en la experiencia del silencio.*

está como bloqueado por aquello que desgarra al ser humano por dentro, porque parece no encontrar el modo y el momento para romperse y convertirse en palabra, en llanto, en queja, en grito, o en abrazo. Hay también un silencio provocado por la indiferencia o la insensibilidad que decimos odiar, pero que conservamos como una defensa, bajo la pretensión de evitar el sufrimiento. Es un silencio que corroe y destroza por dentro. Existe el silencio de la impotencia, del miedo que paraliza, que bloquea nuestras relaciones, el silencio que se resigna y oprime las palabras bajo la amenaza, la duda, la desconfianza, el terror. Estos silencios no facilitan el crecimiento, no posibilitan el acceso al ser.

En ocasiones el silencio juega con la palabra, y en ese juego se descubre su valor:

> Luego, un erudito avanza y dice: Háblanos entonces de la Palabra. A lo que él responde, diciendo: Ustedes hablan cuando no quieren escuchar el rumor de los pensamientos que les atormentan. Cuando no logran refugiarse en la soledad de su corazón, se ponen por entero en sus labios, y las palabras que pronuncian no son sino divertidos pasatiempos, pues casi todo lo que dicen son palabras vacías. Como un pájaro en el cielo, el pensamiento puede abrir sus alas en la jaula de las palabras, pero no encontrar allí su vuelo. Algunos de entre ustedes, sin darse cuenta y sin pensar, por lo tanto, revelan verdades que incluso ni ustedes mismos comprenden.

> Y finalmente hay quienes, poseyendo la verdad interior, sin premeditación y a pesar de ellos mismos, hasta sin palabras, la revelan, pues en lo más profundo de ellos mismos experimentan el puro y silencioso ritmo del espíritu. Cuando encuentren un amigo en la calle o en la plaza del mercado, dejen que el espíritu que está en ustedes anime el lenguaje que ustedes articularán. Deja que la voz en tu voz hable al oído en su oído. Pues en su alma quedará inscrita, por siempre, la sinceridad de tu corazón, como el sabor del vino es recordado después de haber ya olvidado el color, cuando nada queda[30].

---

[30] GIBRÁN, *El profeta*, 58.

Según lo anterior, dejar habitar el silencio parece ser la consigna del «Profeta». De modo que es el silencio expresivo del ser, aquel en el que la palabra necesita ausentarse porque está de más. En este punto conviene plantear la relación estrecha entre lo que Santiago Guerra[31] llama el silencio psicológico, el silencio como realidad teologal y el silencio espiritual. El silencio psicológico se refiere a ese estrecho recinto interior que recoge la conciencia, la mente, la voluntad en la raíz del alma humana. El silencio teologal hace inseparable la experiencia del escondrijo interior del alma y Dios. El silencio espiritual es el que busca hacerse camino para la experiencia profunda de Dios.

Ese silencio espiritual es el silencio de la fluidez de espíritu, el silencio de la contemplación enamorada, el silencio del encuentro profundo, de la mirada que dice sin decir. Silencio, en fin, que a todos nos convoca porque hace parte de nuestra más profunda humanidad. Un silencio que de modo especial se percibe en la interioridad, la estancia por excelencia del ser; lugar de la experiencia del «Tú», «en Ti», «conTigo», «en mí», «conmigo».

Este silencio requiere unas mínimas condiciones para surgir; entre ellas, la experiencia y aceptación consciente de la propia vulnerabilidad: esa especie de fisura existencial, ese pequeño espacio de luz que se cuela por la herida abierta, espacio que nos recuerda que el control absoluto se nos escapa de las manos y nos introduce en el umbral del otro, del Tú, del nosotros.

Este silencio no es más que deseo, silencio del anhelo de Vida, silencio que busca y que llama. El corazón enamorado no puede evadir el silencio, allí está su lugar, el silencio se encarna y se ubica en el territorio del amor,

---

[31] GUERRA, *Teología del silencio*, 53.

en el lugar de la fragilidad total, de la indefensión, lugar de la Presencia entrañable y desnuda, de la propia Verdad que habitamos y que nos habita. Por eso, en el silencio auténtico nos desconcertamos, los pensamientos se ausentan, desaparece el control, el «no saber» se afirma, nos abrimos al asombro.

Esta sabiduría que busca «ser» y que emana del silencio presupone un acto consciente: la observación atenta de los propios pensamientos, de los propios sentimientos en medio del fluir de la existencia. Hay puertas que se abren, otras que se cierran, el silencio hace posible comprender.

Donde no habita el silencio, aparece fácilmente la ira, el rencor, la violencia, la envidia. Emergen como reacciones que indican la no aceptación de la realidad y generan un tipo de sufrimiento rebelde que mortifica y que no construye vida. Por ello es clave comprender que «todo el silencio de Dios reposa sobre el universo. Su Presencia todo lo inunda. Inunda los bosques, los ríos, las montañas; pero también las calles, las oficinas, las fábricas, las casas, los hogares. Dios vive en cada criatura»[32].

Desafortunadamente, los seres humanos, por alguna extraña razón, «hemos sido programados para mendigar fuera lo que desde siempre estuvo en nosotros»[33].

El silencio nos brinda la oportunidad de ser, de aceptar, de acoger la realidad tal cual es. Es un aprendizaje, es un arte, que requiere de la paciencia del aprendiz que busca crear y recrear desde la obra del maestro. Consiste en dar un significado nuevo a la angustia, al miedo, al dolor, al vacío, a la infelicidad. Es la experiencia de sentirse acogido en un caluroso abrazo que acepta y asume con

---

[32] LÓPEZ CASQUETE, *Las dos puertas, la reconciliación interior en la experiencia del silencio*, 27.

[33] *Ibíd.*, 29.

amor todo lo que «hace ruido» en nuestra vida. Como afirma Rahner:

Déjate venir a ti mismo en el silencio. Quizá en un principio te encuentres muy mal. Quizá en un principio no percibas más que un sentimiento siniestro de vacío y muerte. Persevera y verás cómo todo lo que se anuncia en ese silencio está abrazado por una lejanía sin nombre, como atravesado por algo que aparece como vacío... No lo llames aún Dios. Es sólo algo que apunta a Dios[34].

1.2.1 Escucha, silencio y transformación

Toda práctica espiritual profunda invita a prestar atención; «conócete a ti mismo».
Manuel López Casquete

Al ser parte de la condición humana, la escucha es un modo privilegiado de aproximación al otro, como presupuesto necesario para comprenderlo y así conformar o consolidar la relación; además de ser posibilidad de crecimiento personal y comunitario.

Durante la infancia nos enseñan a hablar; sin embargo, no ocurre lo mismo cuando se trata de escuchar. Oír no es escuchar, por esta razón un sinnúmero de personas padece de sordera espiritual. Buena parte de los problemas de la comunicación hoy en día se deben a que no sabemos escuchar; no hay tiempo o, incluso, se cobra por escuchar al otro. La escucha gratuita es prácticamente inexistente, e irónicamente vivimos desbordados por las palabras y la información.

Escuchar es más que una habilidad comunicativa, se trata de una actitud que implica de forma voluntaria e integralmente a toda la persona y, por tanto, se lleva a cabo como un ejercicio que requiere esfuerzo, disposición e

---

[34] RAHNER, *Encounters with the silence*, 59. Traducción propia.

incluso algunos cambios. Más aún, la labor de escuchar clama por un espacio en contextos en los cuales se evidencia la vulnerabilidad. Por otro lado, en medio de la sociedad y del mundo en que vivimos, el deseo y el acto mismo de hablar, fruto de la necesidad del ser humano de «un otro» —atento a su palabra, a sus gestos y acción—, no ha sido siempre garantía de ser escuchado. Aun así, el hablar y el escuchar conforman en gran medida la dimensión comunicativa propia del ser humano.

1.2.2 *El oyente en la Sagrada Escritura*

En la Sagrada Escritura, el asunto de escuchar está presente en todo el proceso del pueblo de Israel, hasta el Nuevo Testamento, en que Jesús mismo es quien lo hace explícito.

En el Antiguo Testamento, el oyente en algunas ocasiones es Yahveh que «inclina su oído»; en otras, es el pueblo que debe estar atento: «Escucha Israel». En el primer caso, se trata de la necesidad de los seres humanos de ser escuchados; en el segundo, se trata de la disposición de escucha exigida al pueblo por Dios en boca del profeta. En ambos casos la escucha es un asunto central para la dinámica de las relaciones del pueblo con Dios.

Ahora bien, allí también se nos sugieren unos rasgos del oyente. Cuando se trata de Dios mismo, su gesto de escuchar parece que entraña una respuesta, la entrañable disposición a la acción. Así, invocar a Dios: «Señor, escucha mi voz», «estén tus oídos atentos a la voz de mi súplica», es reconocer con esperanza su acción de misericordia: «Mi alma espera en el Señor, porque en él está la salvación.»

Cuando el oyente es el ser humano, su talente se evidencia en cuanto escucha la voz del profeta, mensajero de Dios, atiende a su palabra, es fiel a sus mandatos. En varias ocasiones, los autores sagrados actuando en nombre de Dios instan a escuchar: «Ojalá escuchéis hoy su voz: «No endurezcáis el corazón» (Sal 95,7). Escuchar es entonces «abrirse a la exterioridad absoluta y [...] acoger, no resistir ni endurecer el corazón por la cerrazón en sí mismo»[35].

En el libro de Job, también resuena el silencio cuando sus amigos, al ver su sufrimiento por las desgracias, quisieron ir a consolarlo. Sin pronunciar palabra, permanecieron al lado de Job: «Luego se sentaron en el suelo junto a él, durante siete días y siete noches. Y ninguno le dijo una palabra, porque veían que el dolor era muy grande» (Job 2,13). Este silencio se hizo escucha, compañía, apoyo y sobre todo respeto a su amigo.

En ocasiones, la escucha puede ser más difícil que realizar una tarea física. Así lo atestigua el Evangelio de Lucas cuando narra la historia de Marta y María (Lc 10,38-42). Ambas acogieron a Jesús en su casa, y cada una se ocupó en lo que consideró lo correcto. Sin embargo, María decidió escuchar a Jesús, hablar con él en lugar de contribuir con el aseo de la casa. Para María era inadmisible no escucharlo. Jesús, el que ha venido a su casa, se convirtió en su prioridad. Esta paciencia y deseo de escucha de María es reconocida de inmediato por Jesús, y advierte a Marta: «estás preocupada y molesta por muchas cosas, pero solo una cosa es necesaria» (Lc 10,38-42).

En alguna ocasión Jesús también dijo: «¡El que tiene oídos para oír, oiga!» (Mt 11,15). Esto indica que la escucha no ocurre naturalmente, sino que es el resultado de una elección consciente. Se puede también tomar la decisión consciente de no escuchar, como cuando los discípulos de Moisés dijeron: «Habla a nosotros y escucharemos. Pero no hagas que Dios nos hable o moriremos» (Ex 20,19).

---

[35] AMENGUAL COLL, «Israel pueblo de la Memoria», 7-25.

La escucha auténtica supone conceder a otra persona toda la atención y además exige cambiar las actitudes al momento mismo de la escucha. En las relaciones que vivimos diariamente, la escucha es un acto necesario. Es imposible hablar todo el tiempo, pues, irónicamente, este acto nos aísla y nos deja en la total incomunicación. La comunicación entre los seres humanos requiere, entonces, el silencio de la escucha; escuchar es una forma de silencio.

1.2.3 Presupuestos para la escucha

Por lo anterior, escuchar es una acción que implica unos presupuestos en quien escucha; el primero de ellos: estar muy presente en el proceso de conocimiento de sí mismo, pues lo que nos hace atentos a los otros no es otra cosa que descubrir y aceptar la riqueza y complejidad de nuestro propio ser. Más aún, escuchar es, antes que nada, «escuchar-se», «reconocerse», «re-encontrarse», y en este proceso la espiritualidad juega un papel central.

Una vez que el ser humano se ha abierto al Otro como lo más íntimo y profundo de sí mismo, una vez lo ha acogido, solamente entonces tiene «algo» desde lo cual puede escuchar, atender a su semejante, hacerse presente a la alteridad, que puede generar desajuste e incluso vergüenza. Es una escucha que, en el lenguaje de Lévinas, abre el camino a la responsabilidad, y que confronta con el silencio de lo que se muestra como irreparable.

De modo que escuchar es «escucharse», «reconocerse», percibir e incluso aproximarse a la vulnerabilidad del otro, ese momento de silencio agudo que es encuentro y que a la vez nos devasta.

1.2.4 Entre la escucha y el silencio

Escuchar es, a la vez, guardar silencio, porque resulta imposible la escucha en medio del ruido y de la confusión.

Hoy lo más urgente es el silencio [...] No creo que el remedio sean las casas de retiros, los paréntesis de oración, aunque me parecen útiles [...] Mi propuesta es que busquemos el silencio en lo cotidiano, en la sociedad ruidosa, en nuestras casas...[36]

Estas palabras, en el contexto que nos encontramos, se comprenden también de cara al sufrimiento, pues el silencio es el presupuesto para reconocer y luego asumir el dolor. El silencio es escenario que permite que el mensaje profundo del dolor sea escuchado. Pues esta experiencia del mal como mal que es el dolor necesita ser reconocida y escuchada en su entraña misma. Es el único modo válido de integrar el dolor en la vida.

Así, la palabra que surge de la experiencia del dolor en el silencio nos retorna al silencio. El silencio es seno de la palabra y «la palabra es revelación de lo que va dentro, es comunicación, es entrega, es don del interior, de lo más profundo»[37]. De modo que, como afirma Benedicto XVI: «El Verbo enmudece, se hace silencio mortal, porque se ha "dicho" hasta quedar sin palabras, al haber hablado todo lo que tenía que comunicar, sin guardarse nada para sí»[38]. También para Jesús, hubo un silencio difícil, un silencio de ausencia y de aparente vacío. El silencio de Dios que parecía abandonarle mientras él colgaba de la cruz.

En los escenarios de estos silencios que se nos aparecen oscuros y que también pueblan nuestra vida, emerge ese decir particular del misterio que solo se evidencia en la escucha, disposición total, cuando soltamos el control total que lleva la vida y nos abrimos en disposición serena a esa palabra que sin pronunciarse se nos revela e invita a una existencia renovada.

---

[36] PAOLI, *El silencio, plenitud de la palabra*, 5-7.

[37] FERNANDEZ MORATIEL, *Desde el silencio*, 32.

[38] BENEDICTO XVI, «Exhortación apostólica *Verbun Domini*», 12.

1.3 Decir «sabiduría»

Decir sabiduría hoy no resulta comprensible del mismo modo para todos. En este mundo tan saturado de modelos de vida que se sostienen en la complejidad técnica, el lujo, la riqueza, el confort, el rigor académico, el poder, etc., las comprensiones acerca de la sabiduría son muy diversas. Las hay desde quienes creen que esta consiste en hacer bien las cosas, o en saber resolver problemas de la vida y la convivencia humana, o en llegar a poseer una personalidad madura e integrada (en algunas corrientes de la psicología); hasta quienes consideran que la sabiduría consiste en el conocimiento profundo de la realidad (perspectiva filosófica), o en el conocimiento de Dios (perspectiva teológica).

Si examinamos los diccionarios, encontraremos, por ejemplo, acepciones de la *sabiduría*[39] como «conducta prudente en la vida o los negocios»; «grado más alto del conocimiento»; «conocimiento profundo en ciencias, letras o artes»; «prudencia, cuidado del comportamiento, modo de conducirse en la vida». Por su parte, María Moliner, además de las anteriores acepciones, añade: «Se aplica a la persona que posee conocimientos científicos extensos y profundos o que se dedica al estudio o a la investigación con resultados extraordinarios...». Hay, así, un predominio de la concepción más académica de la sabiduría, asociada con el intelecto.

En perspectiva filosófica, en el *Diccionario de filosofía* de Ferrater Mora, «el término griego σοφία, que se traduce usualmente por "sabiduría", en los comienzos significó habilidad para practicar una operación determinada». La comprensión filosófica de la sabiduría ha tenido diversos matices y comprensiones en función de la época, el con-

---

[39] REAL ACADEMIA ESPAÑOLA, *Diccionario de la lengua española*.

texto, los autores y pensadores. Por su parte, en el *Diccionario de mística* de Borriello, la sabiduría es un «don», que está ligado al conocimiento y experiencia de Dios.

1.3.1 La sabiduría o «atrapar el sabor de las cosas»

El termino *sabiduría*, en realidad, viene de «saborear». En las fuentes filosóficas, en sus orígenes, la encontramos asociada al sabor, al gusto, al deleite de la verdad y ansia de saber.

Según Panikkar[40], el término alemán *Weisheit* (sabiduría) está ligado en su etimología con los términos *vida* y *visión*. Según esto, es sabio quien sabe vivir y sabe ver. El recorrido por la etimología griega (*sophia*) y latina (*sapientia*), y por algunos pensadores de estos ámbitos clásicos, da cuenta de una comprensión de sabiduría como experiencia, habilidad, pensar de modo prudente, decir la verdad, escuchar la naturaleza, pensar en el todo; también incluso se ha relacionado el término latino con «sabor, saborear, degustar» (San Buenaventura).

Se conocen, además, numerosos sentidos en el uso de este término. José Vílchez Líndez[41] menciona entre ellos:

— Sabiduría con relación a las artes y los oficios, dando a entender habilidad, pericia, destreza, y también refiriéndose al artífice, artista, artesano.

— Sabiduría con relación al trato interpersonal y, en este sentido, asociada con varias habilidades: la sagacidad, el ingenio y el talento; el saber acumulado, la doctrina, la ciencia; la astucia, la sagacidad; o la experticia.

— Sabiduría como prudencia política en el arte de gobernar.

---

[40] Panikkar, *Obras completas*, 473.

[41] Vílchez Líndez, *Sabios y sabiduría en Israel*.

— Sabiduría como sensatez, prudencia que permite diferenciar verdad de falsedad.

— Sabiduría como cualidad propia de Dios, lo divino.

— La sabiduría personificada, como autora, gestora, actuante, protagonista.

— La sabiduría asociada con el temor de Dios, al guardar sus mandamientos.

Este mismo autor, al recoger el sentido de evolución del término y su diversidad de comprensiones y usos, afirma que «habilidad», «destreza» y «sagacidad» fueron dando paso a una comprensión más asociada con lo moralmente «bueno». Por tanto, más allá del saber, está la justicia, el justo.

En definitiva, desde lo que se ha expuesto, inicialmente sabiduría tiene referente en aquella persona que posee experticia, pericia, fruto de la «experiencia». En el transcurso de la historia, sabiduría se asociará a lo bueno, de modo que se contraponen sabio a necio. Finalmente, en contraste con una sabiduría enciclopédica o salomónica, el sabio será el justo, el que reconoce y respeta a Dios, sigue sus mandamientos, procediendo con compasión ante el débil, respetando el orden de la creación.

Quienes de modo especial se preparan, se conectan con la sabiduría, y en realidad se conectan con la vida que se hace experiencia. El sabio, desde tiempos remotos, es el «ser de la experiencia», el que ha vivido, visto, escuchado y guardado en su corazón. Hoy en día, sin embargo, como resultado de las influencias culturales, por un lado, de la fuerza de la mirada occidental greco-romana, y, de otro, de la influencia del oriente hebreo, autores como Harold Bloom llegan a afirmar:

> ...nuestra civilización sigue escindida entre un conocimiento y una estética helenas y una moralidad y una religión hebreas.

Podríamos decir que la mano de la civilización occidental (y de hecho de gran parte de la oriental) tiene cinco dedos heterogéneos: Moisés, Sócrates, Jesús, Shakespeare y Freud. La cultura de Platón es totalmente socrática, por deseo propio, pero también homérica, a regañadientes. Entre *La República* y nosotros están Moisés, Jesús, Shakespeare, Freud, y aunque no podemos abandonar Atenas, menos aún podemos evitar que nuestras lenguas se nos peguen al paladar si no preferimos Jerusalén a Atenas[42].

A la luz de lo anterior, la sabiduría integra la «experiencia de nuestra existencia» junto a la necesidad y deseo del «saber» que, al lado de dicha experiencia, se convierte en «sabor». La sabiduría se comprende solo en esta relación existencia-amor y conocimiento-saber-sabor. Es una experiencia integral y a la vez integradora que da sentido a la vida.

Será por esta razón que en algunos ambientes académicos hoy se vuelve a preguntar por la «razón de ser» del quehacer filosófico, se busca recuperar la inicial y estrecha relación entre el filosofar y la vida del sabio. Será también por ello, que, aunque se siga profundizando en la razón bajo múltiples denominaciones (razón instrumental, razón crítica, razón práctica, razón ilustrada, razón comunicativa, etc.), la búsqueda del ser humano regresa siempre a su fuente original: superar las barreras del conocimiento y hallar, a través de un movimiento experiencial, ese modo de conocer que brota del hecho de convertirnos en observadores y oyentes atentos de la vida, comenzando por la propia. Es filosofía perenne.

Aproximarnos a la sabiduría, al menos a una primera reflexión en estas páginas, es descubrir que no es posible ignorar que, desde que el ser humano vive sobre la tierra, se las ha ingeniado para rescatar los tesoros que mueven

---

[42] BLOOM, *¿Dónde se encuentra la sabiduría?*, 55.

y dan sentido a la existencia. Es tal el impulso que lleva por dentro cada ser humano, que en el transcurso de la historia no se ha podido desconocer su búsqueda.

En todas las culturas de Oriente y de Occidente, del Norte y del Sur, prevalecen en la memoria, en la celebración, en los grandes libros orientadores, las claves, los signos y algunos de los hallazgos propios del camino de búsqueda de la sabiduría. En cada gran cultura y cada religión se preservan y se enseñan los tesoros de los sabios, de aquellos quienes, reconociendo en sí mismos el anhelo de un «equilibrio mayor», han conseguido conectar con ese hilo que, desde el interior más íntimo de mí, del otro, de nosotros, provee la esperanza, el sentido de la vida, de los otros. El sabio recupera la conciencia de nuestro ser encarnado, la contingencia que a la vez nos habla de infinito, la riqueza inmensa del saber del «no saber», y la invitación a vivir a plena conciencia y gozo cada minuto de la vida.

1.3.2 La sabia sabiduría

Los grandes tesoros de los que llamamos sabios en la historia de nuestra humanidad coinciden en sus intuiciones: la vida no se resuelve solo desde afuera y hacia fuera, como buscando el refugio en algo o alguien que nos provea la seguridad, la paz y el afecto que necesitamos. El mundo que vivimos pregona la felicidad fuera de nosotros, en objetos, en novedades tecnológicas o médicas; incluso nos hace creer que otros nos pueden dar la dicha de sentirnos realizados. ¿Por qué entonces prevalecen «los males», «las angustias» las desesperanzas, aun teniéndolo todo: dinero, bienes, familia?

También, estos sabios, a lo largo del tiempo, han insistido en la *autenticidad*, considerada el bien más universal. Parece que lograr alcanzarla pasa por lo que los sabios y místicos de Oriente y Occidente han llamado «conocimiento de sí mismo». Sin embargo, una lectura distraída, evasiva o ligera de esta invitación ha provocado muchas formas de individualismo, intimismo e incluso, en perspectiva religiosa, variados modos de pietismo, de búsqueda individual de salvación, etc.

De modo que la sabiduría sí implica un entender, un comprender la raíz y fuente de las cosas; sin embargo, esto no es posible si no se comienza por conocer y acceder al fondo mismo de nuestra propia existencia. Este ejercicio, poco a poco, va conduciendo a este hallazgo: «La sabiduría descubre, cuando la vida nos da sus lecciones, que hay cosas que no hay que hacer, aunque te maten, y que hay otras que hay que hacer, aunque también te maten»[43].

La búsqueda de la sabiduría es así todo un arte, como artista es todo ser humano que lleva dentro de sí el deseo en ocasiones reprimido de comunicar sus más profundos anhelos en diálogo con la realidad. Se trata en esta búsqueda de «ser realmente uno mismo», en profunda conexión con la experiencia de vivir cada día, en la conciencia progresiva de despojarnos de todo eso que nos sobra para que se revele nuestra autenticidad. En palabras del profeta:

> Yo les daré un solo corazón y pondré en ellos un espíritu nuevo: quitaré de su carne el corazón de piedra y les daré un corazón de carne, para que caminen según mis preceptos, observen mis normas y las pongan en práctica, y así sean mi pueblo y yo sea su Dios. En cuanto a aquellos cuyo corazón va en pos de sus monstruos y abominaciones, yo haré recaer su conducta sobre su cabeza, oráculo del Señor Yahveh. (Ez 11,19-21)

Sin embargo, para que esto ocurra, parece que fuera preciso «tocar fondo», encontrarnos en situación de crisis,

---

[43] García Baró, «La sabiduría en 7300 caracteres».

de pérdida, de dolor, de angustia e, incluso, desesperación. Las situaciones límite se hacen gestoras de nuestro cambio porque evidencian nuestra necesidad más honda. Constituyen la ocasión privilegiada para resolver nuestra existencia, al darnos la posibilidad de agudizar nuestros sentidos.

En definitiva, nuestra existencia se resuelve desde nuestros propios sentidos agudizados, enfocados. Se trata de aprender a ver, a escuchar, reconocernos y experimentarnos como parte de la realidad. Un ver y un escuchar que se constituyen en aprendizaje: aprender a percibir, a captar la profundidad de las cosas, de la vida, comenzando por nosotros mismos.

En este proceso, el silencio ocupa un lugar muy especial, en ocasiones buscado, en otras, obligado por las circunstancias de la vida. Resulta crucial desarrollar la tolerancia y el gusto por el silencio, pues es parte del ambiente que se requiere para conocernos, comprendernos, encontrar las fuentes objeto de nuestros más profundos anhelos. En el silencio se gestan muchas preguntas que están conectadas con lo más profundo de la vida. En el silencio emergen el asombro y hacemos experiencia del misterio, palpitamos en él.

La incapacidad del ser humano hoy se evidencia en la imposibilidad de encontrar vías para ir al fondo de sí mismo, para preguntarse, para reconocerse, encontrarse y encontrar sentido a la vida, a los otros; descubrirse habitado, habitando un mundo y una historia que reclaman su «total presencia».

Esta realidad se afirma al descubrir que la experiencia de la vulnerabilidad es el lugar desde el cual se hace posible el surgimiento y desarrollo de nuestra dimensión sapiencial. La proximidad de la muerte o el sufrimiento mismo son experiencias que impulsan nuestra más sentida búsqueda interior. De manera que son justamente el límite o el dolor los detonantes de nuestras más profundas preguntas.

A modo de conclusión. En esta primera parte, sin pretender agotar la reflexión acerca del *sufrimiento*, del *silencio* y de la *sabiduría*, hemos abierto un horizonte de aproximación a estas tres realidades cuya comprensión se expresa de diferentes maneras. Esto, en estrecha relación con los contextos culturales, los religiosos y los diferentes momentos de la historia, así como con la experiencia y sensibilidad de cada ser humano en su particular «yoidad».

Se ha pretendido también presentar una forma de conexión entre sufrimiento, silencio y sabiduría, y en este esfuerzo se ha revelado la *vulnerabilidad* como punto de encuentro. La desnudez, indefensión, limitación son los rostros de esa experiencia que parece conectar y articular el sufrimiento, con el silencio y con la sabiduría.

PARTE SEGUNDA

SUFRIMIENTO, SILENCIO Y SABIDURÍA DESDE ETTY HILLESUM

2.1 Semblanza biográfica de Etty Hillesum[1]

En los años de la Segunda Guerra Mundial, el sufrimiento de los otros en los campos de concentración en los Países Bajos conmovió hasta el fondo la experiencia personal de Etty Hillesum, una mujer judía neerlandesa cuya vida corta (1914-1943) da cuenta de una intensidad única.

Su padre, un profesor de lenguas clásicas —hombre de baja estatura, erudito, silencioso— con un buen sentido del humor, ante sus estudiantes resultaba ser autoritario. Fue trasladado varias veces, por lo que la familia tuvo que vivir en diversas poblaciones neerlandesas. Su madre, una judía rusa —de carácter fuerte y apasionado— que había huido a los Países Bajos cuando se desató allí la persecución a los judíos, provocó más de una desavenencia familiar. Etty prefirió salir de casa pronto para evitar estos enfrentamientos. Los dos hermanos menores de Etty, Jacob —a quien llamaban Jaap— y Michael —o Mis-

---

[1] Cf. HILLESUM, ETTY. *Obras Completas*. Burgos: Fonte, 2020. En adelante esta obra se citará como: Hillesum.

cha— eran dos muchachos muy talentosos. El primero se destacó en la medicina y el segundo, en el piano. Sin embargo, ambos tuvieron que sobrellevar trastornos de carácter psiquiátrico. Incluso, llegaron a ser hospitalizados en varias ocasiones, en especial, el menor.

Se puede decir que en Etty se conjugan dos rasgos del carácter de sus padres: de su madre Rebeca, su carácter apasionado, y de su padre Louis, su gran avidez intelectual. En 1932, se fue a Ámsterdam a estudiar Derecho, trasladando definitivamente su vivienda lejos de sus padres, y terminó su carrera en 1935. Además del derecho, por su gran curiosidad y deseo de aprender, Etty estudió alemán, francés y, en especial, ruso. Se hizo profesora de ruso impartiendo clases privadas. En 1937, cambió su residencia y se fue a vivir a casa de Han Wegerif, un hombre viudo de quien se hizo su amante. En 1939 terminó su Máster en Derecho.

Además de ello, en 1940 inició estudios en psicología, para profundizar en el psicoanálisis de Jung. Este interés, unido a profundos conflictos interiores a causa de sus relaciones afectivas, la condujeron al consultorio de Julius Spier, un psicoquirólogo judío que había emigrado de Alemania, un hombre de más de 50 años, separado y con una prometida que lo esperaba en Londres. Pronto Etty se convirtió en su asistente, e inició una relación en la que se entremezclaron la orientación, la guía, junto con la dependencia propia de haberse convertido en su amante. Es justamente en medio de esta relación que todas las preguntas y confusiones de Etty emergieron con más fuerza, a la vez que se veía exigida de actitudes de vida que brindasen respuestas y, sobre todo, sentido.

En perspectiva religiosa, no se hace muy evidente la convicción de Etty por las creencias judías. Su vida se desarrolló un poco al margen de lo propiamente religioso; sin embargo, la inevitabilidad de la guerra, que ya en 1940 había llegado a los Países bajos, provocó en Etty una conciencia nueva que se unió a todas sus inquietudes y búsquedas personales. En marzo de 1941, después de un par de meses de haber conocido a Julius, Etty comienza a escribir su diario, respondiendo a sus indicaciones.

En medio de toda la confusión que la habitaba, Etty, a sus 27 años, escribe sus primeras páginas, que dan cuenta de la fuerte impresión que ha causado Julius en su vida, sobre todo inicialmente en el plano afectivo-sexual. Es por esta razón que sus primeras confesiones al diario se centran particularmente en su vida sexual.

Poco a poco, para noviembre de 1941, su escrito irá dando un giro en el que Etty evidencia una opción y decisión que involucra un paciente trabajo corporal, espiritual, emocional e intelectual. Todo ello hacia su integración personal, en la que lentamente se va dibujando la experiencia-presencia de Dios en su vida. Experiencia que va atada ineludiblemente a su historia, a su familia, a los paseos en bicicleta por las calles de Ámsterdam, a sus amigos, al contexto de guerra contra los judíos, al amor por Julius, a su relación con Han, a sus lecturas, a las llanuras que contemplaba, entre otras experiencias.

Al terminar el año de 1941, Etty escribió en su diario la experiencia que tuvo a raíz del descubrimiento de su embarazo[2]. Con una sorprendente libertad, seguridad e independencia de cualquier connotación moral, decidió finalizar el embarazo, convencida de haber hecho lo mejor. No deseaba para su hijo la suerte que ya se evidenciaba para los judíos. Tampoco quería heredar a su hijo los desórdenes psiquiátricos de la familia: «...me juré a mí misma

---

[2] Estaba embarazada de su amante Han, el dueño de la residencia donde vivía.

que jamás permitiría que naciera una criatura de mi vientre que pudiera llegar a ser tan infeliz»[3].

A mediados de 1942, inició su trabajo como voluntaria en el campo de tránsito de Westerbork. Trabajo que se vio interrumpido varias veces por la visita a sus padres, por sus constantes recaídas. Fue persuadida de abandonar el país y, aun teniendo la oportunidad, decidió no hacerlo. La conciencia del inminente exterminio la convence de la responsabilidad hacia sus hermanos judíos, de quienes en varias oportunidades dirá que se siente llamada a cuidar, acompañar. Incluso, luego de su evolución interior, afirmará en su diario que desea «desenterrar a Dios de sus corazones».

Aunque el relato de su diario se vio interrumpido en octubre de 1942, luego de su muerte y tras varios años de búsqueda se logró recuperar la mayor parte de sus cartas, en las que podemos, además de conocer algunos detalles de su experiencia personal y de la relación con sus amigos, acercarnos un poco a su itinerario entre octubre de 1942 y septiembre de 1943, cuando es trasladada junto con su familia al campo de exterminio de Auschwitz. Fue el 30 de noviembre de 1943 que la Cruz Roja reportó, en el listado oficial de gaseados en este campo, la muerte de Etty Hillesum. Dejó escrito su diario en once cuadernillos e innumerables cartas. Todos sus escritos se han publicado ya en varios idiomas incluida la versión en español.

Hoy, en el siglo XXI, la migración forzada y masiva ha desatado las más diversas reacciones, las posturas frente a esos otros desprotegidos llegan a ser extremas, desatando el rechazo y la exclusión o la acción determinada de los movimientos altruistas y humanitarios a favor de los derechos humanos fundamentales. ¿Qué es, entonces, lo que determina el grado de sensibilidad ante el dolor del otro, o el grado de aceptación en relación con el dolor?

---

[3] HILLESUM, 6 de diciembre de 1941, 320.

Existen muchos modos de aproximarse a la respuesta. Para este caso, se estudia la experiencia personal de Etty Hillesum, tematizada en su *Diario* y en sus *Cartas*. El caso de Etty resulta de particular interés por cuanto se trata de una mujer joven y contemporánea del siglo XX, cuyas inquietudes personales y situación en relación con la experiencia espiritual resulta familiar a muchos hombres y mujeres hoy.

2.2 Evolución del sentido del sufrimiento en Etty Hillesum

El itinerario vital de Etty está lleno de oscilaciones y cambios, de agudas crisis y momentos elevados. Sin embargo, en medio de estas oscilaciones es que transcurre su vida. Ella quiere comprender y llegar al fondo del porqué de esas cúspides y de esas caídas. Por eso, en su relato se entrelazan muy estrechamente sus vivencias personales, las fuentes a las que acude, sus relaciones afectivas, la situación de los judíos, la conciencia de la guerra, su familia, etc. Entre sus vivencias personales, aparece la conciencia de sus dolores en sus distintas expresiones. En otras palabras, Etty sufre como consecuencia del dolor que ocasiona la guerra, aunque inicialmente su sufrimiento se asocia con sus dolencias físicas y sobre todo con la complejidad de sus relaciones afectivas.

En el ámbito físico, el cuerpo de Etty Hillesum es una expresión casi permanente de dolores, de cabeza[4], de estómago[5], entre otros:

---

[4] Referimos unas cuantas alusiones a su dolor de cabeza, aunque hay muchas más: HILLESUM, *Obras completas*, 99, 140, 159, 160, 171, 172, 189, 224, 328, 329, 331, 413, 468, 592, 594, 742, 767, 787, 819, 820, 932.

[5] Sus molestias digestivas son constantes en la narrativa de su diario. Aquí referimos algunas: *Ibíd.*, 167, 199, 208, 247, 248, 262, 280, 283, 311, 353, 402, 533, 534, 564, 581, 663.

Mi cuerpo es un depósito de muchos dolores, están escondidos por todos los rincones y de vez en cuando aparece uno por aquí y en otro momento sale otro por allá. También me he reconciliado con eso. Y me pregunto cómo puedo trabajar y concentrarme con todo[6].

Es muy posible que también Etty haya sido una persona altamente sensible (PAS). Esto explicaría su gran sensibilidad en todos los sentidos:

En algunas personas el flujo vital corre por su delgado cuerpo con más fuerza e ímpetu que en otras. En mí, los rápidos se convierten en dolor de cabeza y los inesperados remolinos, en dolor de estómago, etcétera[7].

En todo caso, va siendo poco a poco más clara para ella la relación entre el dolor físico y emocional.

Antes, creía que las sensaciones físicas desagradables, como el dolor de cabeza, el dolor de estómago, el reumatismo, eran solo físicas, pero ahora al observarme constato que las principales causas son psicológicas. En mi caso, cuerpo y alma son verdaderamente una sola cosa. En cuanto algo languidece en el alma, también lo hace en el cuerpo. Es por ello por lo que la higiene del alma es tan importante para mí. El logro de este último medio año es que he adquirido conciencia de ello y nunca más podré echarle la culpa a mi cuerpo[8].

Ante los sucesos amenazantes de la guerra que poco a poco ocupa un lugar central entre los temores y sufrimientos de la población, Etty se debate entre el sosiego y el temor, entre sus pensamientos que buscan asimilar y su cuerpo que siente que se desintegra:

Mi mente ha asimilado todo lo de los últimos días, hasta ahora los rumores son más destructivos que los hechos, al menos los hechos para nosotros, pues parece que en Polo-

---

[6] *Ibíd.*, 4 de julio de 1942, 817.

[7] *Ibíd.*, 22 de octubre de 1941, 262.

[8] *Ibíd.*, 5 de octubre de 1941, 237-238.

nia la masacre está en pleno apogeo, pero mi cuerpo todavía no. Se ha fragmentado en mil pedazos y cada uno tiene un dolor diferente. Es curioso que mi cuerpo tarde más en asimilar las cosas[9].

Según esto, el insumo fundamental de Etty es su propia experiencia; su reflexión permanece siempre en estrecha conexión con la realidad, su única seguridad existencial.

En el transcurso de su relato, describe cómo aprende poco a poco a convivir con todos sus dolores. En su vida el sufrimiento juega un papel importante. Será tema de muchas de sus anotaciones, no tanto por el deseo de una reflexión intelectual, sino de una comprensión de su sentido a partir de una situación real en la que el dolor está presente. Y esta realidad la vive desde su casa, su madre es una judía rusa, cuya familia había padecido persecución, su padre es un hombre reservado en medio de un matrimonio turbulento, en el que el fuerte carácter de Rebecca incide bastante[10].

Al complejo clima familiar, se suma la situación de la guerra, que constituyó para Etty una experiencia fuente de reflexión. Al preguntarse sobre oración y sufrimiento, se siente conducida a nuevos niveles de comprensión y aparece el sentido del «con», del «otro», del «tú», y la importancia de la unión para fortalecer la esperanza compartida ante la inminencia de la muerte. Este paso de Etty,

---

[9] *Ibíd.*, 1 de julio de 1942, 803.

[10] Como cuando Etty comenta: «Mischa me dijo que mi padre llegaría el sábado por la noche. Mi primera reacción fue pensar: terrible. Mi libertad amenazada. Qué engorro. ¿Qué voy a hacer con él? En lugar de: ¡Qué bien que ese buen hombre se separe unos días de su temperamental esposa y salga de su aburrida pequeña ciudad! ¿Cómo puedo intentar, con mis escasas fuerzas y recursos, que su estancia sea lo más agradable posible? ¡Qué canalla, miserable y holgazana soy! Oh, vaya, he dado en el clavo.» Ibíd., 28 de noviembre de 1941, 300.

al nivel del «Tú», estuvo acompañado y animado por sus lecturas, entre ellas, de modo particular, la del poeta Rilke, a quien Gabriel Marcel —citando el estudio del especialista y traductor de su obra J.-F. Angelloz— se refería con estas palabras:

> Rilke —dice— nos parece haber adoptado en este punto la doctrina teosófica: el hombre está hecho para elevarse por medio del sufrimiento a un grado superior, su existencia terrestre no representa más que un estadio en la evolución, que le conduce desde un origen misterioso hasta un desvanecimiento total... Por la muerte volvemos a conectar con el sufrimiento puro, con vistas a una existencia ulterior[11].

En ocasiones, Etty, cuando habla de sufrimiento, parece confundida. En el transcurrir cotidiano, lo que llama sufrimiento está muy atado a su deseo afectivo-sexual, haciendo depender inicialmente su «sufrimiento» de las sensaciones de apego, celos, rechazo por las que atraviesa. Así, por ejemplo, cuando afirma: «...y quizá llegue una noche en que rece por ti, liberada de los celos y la desconfianza»[12]. O cuando escribe:

> Así pues, quería poseerlo de alguna manera y odiaba a todas esas mujeres de las que me había hablado, o estaba celosa de ellas, y quizás me preguntaba, aunque no fuera conscientemente, si quedaba algo de él para mí, y sentía como se me escapaba. En realidad, eran sentimientos mezquinos, nada nobles; pero no me he dado cuenta de eso hasta ahora. En aquel momento me sentía desgraciada y sola, un sentimiento que ahora me resulta muy comprensible, y quería alejarme de él y escribir[13].

Por lo anterior, la evolución del sentido del sufrimiento en Etty va de la mano con la evolución de su proceso espiritual. Las incesantes preguntas que habitan su in-

---

[11] MARCEL, *Homo viator*, 264.

[12] HILLESUM, 23 de junio de 1942, 443.

[13] *Ibíd.*, 16 de marzo de 1941, 72-73.

terior se conjugan con los efectos del odio que día a día se recrudece hacia los judíos, con la experiencia vital de su afectividad y sexualidad. Pareciera que su vida afectiva y su temperamento incidieron poderosamente para recoger e integrar desde sus experiencias vividas una comprensión madura acerca del sufrimiento. La pasión como apetito poderoso, como anhelo profundo que experimenta en sus relaciones con Han o con Julius, también «padece» a causa de la vulnerabilidad. En otras palabras, en la fuerza, intensidad y ardor del encuentro erótico se vislumbra la fragilidad, las implicaciones de la exposición al otro, algo sobre lo cual no es posible mantener el control. Es en esta dirección que Richard R. Gaillardetz describe la «pasión en el ámbito sexual» vinculada a la vulnerabilidad:

> Es este sentido de vulnerabilidad que subyace a la palabra *pasión* lo que deseo resaltar. En el corazón de la sexualidad humana hay un anhelo y un miedo a la vulnerabilidad. Anhelamos ser «conocidos» por otros de una manera que evite todas las máscaras y estudie las proyecciones. Sin embargo, tememos la vulnerabilidad precisamente por el riesgo de que, siendo conocidos por ella, seamos rechazados. En consecuencia, la principal tentación de todas las relaciones íntimas es evitar la vulnerabilidad en favor del control[14].

En el centro de la fuerza afectiva y sexual habita el temor, la vulnerabilidad, la posibilidad del rechazo y, por tanto, el sufrimiento. Intimidad y sufrimiento se abrazan, y en esta conciencia Etty escribe en su diario:

> Sí, nosotras las mujeres, locas, idiotas e irracionales, buscamos el Paraíso y lo Absoluto. Y, no obstante, mi cerebro, mi cabeza que funciona estupendamente bien, me dice que no hay nada absoluto, que todo es relativo e infinitamente matizado y está en eterno movimiento, y que precisamente por ello es tan emocionante y fascinante, aunque tam-

---

[14] GAILLARDETZ, «Sexual vulnerability and a spirituality of suffering: Explorations in the writing of Etty Hillesum», 77. La traducción es mía.

bién tan doloroso. Nosotras las mujeres queremos perpetuarnos en el hombre. La cosa funciona así: quiero que él me diga: «Querida, eres la única y te querré para siempre». Eso es una quimera. Pero mientras él no lo diga, todo lo demás carece de sentido para mí, me olvido de lo otro. Y eso es lo raro: en el fondo no quiero tenerlo para mí, no querría que él fuera el único, eternamente, y en cambio se lo exijo al otro.

¿Es posible que, precisamente al ser yo incapaz de un amor absoluto se lo exija a otro? Y luego deseo siempre la misma intensidad por parte del otro, cuando yo sé, lo sé por mí misma, que eso no existe. Pero en cuanto advierto un bajón temporal en el otro, me doy a la huida, y eso denota, por supuesto, un sentimiento de inferioridad, en el sentido de: si no lo apasiono, si no es capaz de mostrarse ante mí ardiente, sin bajones, entonces es mejor nada de nada. Y eso es tan tremendamente irracional, tengo que erradicarlo de mi interior. Al fin y al cabo, no sabría qué hacer con alguien que siempre se mostrara ardiente, me agobiaría y me aburriría y me haría sentir atada. ¡Oh, Etty, Etty!

Entre otras cosas, anoche me dijo: Creo que en tu caso no soy más que una «fase previa» a un amor grande y verdadero[15].

En este relato, Etty representa un modo en que el «yo» expuesto al otro sufre, y en ocasiones cede provocando que el sujeto claudique, renuncie y se derrumbe. Sin embargo, sus constantes reflexiones y preguntas, ese volver sobre sus actos, y poder nutrir su existencia desde la progresiva lucidez que le fue brindando el descubrimiento del silencio, impidió que sucumbiera.

Por tal razón, Etty no deja ningún detalle de su vida fuera del proceso en que se ha propuesto trabajar, por eso también su experiencia sexual va de la mano con una espiritualidad que se fortalece y se afianza, desde la vulnerabilidad consciente y, por tanto, de un sufrimiento colmado progresivamente de sentido. De modo que su con-

---

[15] HILLESUM, 25 de septiembre de 1941, 210-211.

ciencia y curiosidad de mujer, la lucidez intelectual, el desarrollo espiritual y el sufrimiento real no pueden separarse. Descubre la imposibilidad de separar su vivencia personal de los acontecimientos dolorosos, la reflexión y el crecimiento espiritual:

> A veces creo que solo alcanzaré el estado ideal si vivo objetivamente y ya no tengo que sufrir por todo, pero para mí los dos estados son inseparables, no puedo permitir que mi desarrollo intelectual se adelante al espiritual, tienen que ir de la mano y en realidad doy las gracias por ello; en última instancia, extraigo todo mi conocimiento objetivo de mi experiencia subjetiva y quizá esta sea la base más sólida y fiable para el conocimiento humano, aunque también sea la más «dolorosa»[16].

El sufrimiento, para Etty, adquiere unos rasgos propios, que se van dibujando en su propia experiencia. En su relato aparecen frases impactantes de los autores que lee, entre ellos Suarès[17]; sin embargo, al comienzo ella misma se descubre aún inconsistente, en ausencia de comprensión de la complejidad del sufrimiento, pero con la intuición que la va conduciendo a buscar salidas:

---

[16] *Ibíd.*, 3 de octubre de 1941, 232.

[17] André Suarès, seudónimo de Felix André Yves Scantrel (1868-1948), escritor francés y experto en Dostoievski; se hizo reconocido por sus biografías de Pascal, Ibsen y Dostoievski, que aparecieron conjuntamente bajo el título de *Trois hommes* (*Tres hombres*) en 1913. En 1922 apareció una edición alemana aparte de la biografía de Dostoievski. No se conoce ninguna biografía del escritor francés Stendhal por Suarès (1783-1842). Durante la Segunda Guerra Mundial, Suarès se ocultó debido a su origen judío y sus escritos antifascistas. Etty transcribe muchas citas de este autor, entre ellas: «El dolor no es el lugar de nuestro deseo, sino el lugar de nuestra certeza... No creo que debamos hacer del sufrimiento un signo de elección. Debemos hacer todo lo posible para deshacernos de él. Pero debemos saberlo. El verdadero hombre no es el señor de su sufrimiento, y menos el que huye de él o es esclavo de él: debe ser el redentor del sufrimiento». Ibíd., 183. Diciembre 15 de 1941.

Entonces me dije: los demás no deberían sufrir porque sufras tú, sube las escaleras, ve a ver a pa Han y sé amable con él. Pero sentía un nudo tan terrible en mi garganta. Y luego por un momento dudé de si debía ir a fregar los platos o leer a Rilke. Pero me sentía tan terriblemente cansada y desdichada, entonces me hinqué de rodillas en el cuarto de baño, ocultando la cabeza en mi bata que estaba encima de la silla, y estuve gimiendo para mis adentros y, cuando más tarde me miré en el espejo, mi cara me pareció tan extraña, tan tensa y afectada y, bueno, no consigo describirla, pero en cualquier caso fue muy extraño. Y entonces me desplomé delante de este cuaderno y poco a poco todo volvió a estar bien[18].

Progresivamente, su comprensión va creciendo. El sufrimiento, esa realidad ineludible, estaba muy lejos de parecerse a la búsqueda del látigo y del silicio (que acompañaron la experiencia espiritual en el mundo medieval y de la modernidad cristiana). Se trata de aceptar lo inevitable, afrontar en lugar de evadir:

Ayer pensé lo siguiente: hay una gran diferencia entre buscar el placer del sufrimiento y aceptar ese sufrimiento. Lo primero es un masoquismo enfermizo, lo segundo es, en realidad, una saludable aceptación de la vida. No se trata de buscar el «sufrimiento», pero cuando se nos impone, no debemos rehuirlo. Y se nos impone a cada paso y, sin embargo, la vida es bella. Cuando más se sufre es cuando se juega al escondite con el sufrimiento y se lo maldice. Por supuesto, he pensado todo esto de una forma muy distinta, pero déjame que al menos tenga el valor de escribir algunas palabras inciertas que, quizá algún día, puedan convertirse en otros tantos colgadores imperfectos de los que podré colgar por fin mis pensamientos maduros[19].

Poco a poco, su perspectiva revelará una interesante lucidez. El sufrimiento es parte de la vida, no tiene caso enfrentarse a él; aunque tampoco se trata de buscarlo.

---

[18] HILLESUM, 2 de marzo de 1942, 491.

[19] Ibíd., 15 de diciembre de 1941, 345.

Es más, el auténtico sufrimiento conduce al ser humano a lo que ella, inspirada en las anotaciones de Spier, llama una «pasividad activa», que «consiste en aceptar y perdurar algo irrevocable, y así es como se liberan nuevas fuerzas»[20]. El sufrimiento así fortalece. Etty consigue aceptar el dolor y superar el sufrimiento, reconoce que la estabilidad y la ausencia de dolor no es posible. Esto hace emerger la conciencia del sufrimiento como lugar de progresiva madurez en la realidad de sus relaciones y desde ellas:

> A estas alturas ya sé que dentro de muchos años le estaré muy agradecida por todo lo que se ha trabajado en mí gracias a lo mucho que he tenido que sufrir por él, porque solo gracias a él mis fuerzas creativas han empezado a dar señales de vida. Y aunque sé que más adelante también le estaré agradecida por haberme dejado seguir mi camino, antes debo sufrir por ello. Y de pronto me produce asombro ver la palabra «sufrir» saliendo tantas veces de mi pluma[21].

La experiencia se hace madura cuando Etty es capaz de integrar a su propia vida el sufrimiento real de los otros, cuando hace suyos los dolores de otros desde la fuerza de la confianza en Dios, fruto de su experiencia espiritual, que ha sido para ella un camino doloroso, desafiante, de mucha disciplina y salpicado de múltiples colores, emociones y vivencias de su cotidianidad, de sus relaciones, de su particular forma de ver y acercarse a la realidad:

---

[20] *Ibíd.*, 78. La nota dice: «Estar enfadado e insatisfecho es ser improductivo; sufrir de verdad por algo es ser productivo porque la insatisfacción y el enfado esconden una pasividad activa, mientras que el verdadero sufrimiento esconde una actividad pasiva. La pasividad activa de la insatisfacción implica resistencia, sublevarse contra algo irremediable, y paraliza las demás fuerzas del hombre. La actividad pasiva del auténtico sufrimiento implica cargar y aceptar lo irremediable y ello libera nuevas fuerzas».

[21] *Ibíd.*, 660, 23 de mayo de 1942.

Solo tengo el talento, si se puede llamar así, de vivir todo lo que una persona puede experimentar y sentir en esta vida como persona, no solo a mi manera, sino también a la manera de muchos otros. Los mayores vicios no me son extraños, pero también conozco la mayor confianza en Dios, abnegación y amor humano. Y lo siento todo en mi carne y en mi alma, me atraviesa sangrienta y oscuramente. No creo que tenga talento fluido para la escritura. Si fuera preciso, tal vez podría escribir cosas fluidas y extrañas, divertimentos, pero que no tienen nada que ver con mi ser profundo, son las ligeras crestas de espuma debajo de las cuales se encuentra el mar, ¿no es así? No puedo escribir, pero siento esta vida en mi carne y en mi alma, minuto a minuto, con todos sus giros y aspectos, colores y sonidos. Siento las personas y siento también el sufrimiento de las personas. Y acaso algunas palabras que brotan de esa experiencia afloren con dificultad a la superficie para que las diga, esas palabras proceden de una fuente tan auténtica, que encontrarán por fuerza su camino[22].

En esa progresiva lucidez existencial, Etty descubre en el sufrimiento su potencial humanizador, el sufrimiento puede vivirse a la altura de la dignidad del ser humano, incluso la muerte, todo ha de vivirse más allá de los estigmas que hayamos puesto producto de los temores que nos habitan. Así, el sufrimiento puede ser incluso una fuente de fuerza y de vida para sí mismo, para otros. Algo que suena tan fuera de sentido para una sociedad líquida, de relaciones volátiles, una sociedad en la que el sufrimiento se trata de evitar o evadir a toda costa. Y, sin embargo, hoy como ayer o más que ayer:

Sufrir no está por debajo de la dignidad humana. Quiero decir: se puede sufrir digna e indignamente. Quiero decir: la mayoría de los occidentales desconocen el arte de sufrir y en lugar de ello tienen mucho temor. Lo que hace la mayoría ya no es vida: miedo, resignación, amargura, odio, desespe-

---

[22] *Ibíd.*, 19 de junio de 1942, 765.

ración. [...] Hay que aceptar la muerte como parte de la vida, incluso la más terrible de las muertes[23].

Esta convicción de Etty, acerca de la fuerza que emana del sufrimiento, surge de la insatisfacción en relación con la postura de Occidente hacia el sufrimiento. Ella intuye que el dolor vivido en su mismidad es posibilidad de superación de miedos y temores, de odios y amarguras. Más aún, el dolor es la posibilidad de vivir la vida con autenticidad.

Etty plantea el secreto oculto del sentido del dolor cuando estamos interiormente preparados[24]. Este secreto consiste en la fuerza que surge cuando el sufrimiento es asumido e integrado, cuando se procura liberarse, deshacerse, buscar la simplicidad:

> La mayoría de las personas tiene en mente ideas estereotipadas de esta vida, hay que liberarse interiormente de todo, de toda idea fija, de toda consigna, de toda dependencia, hay que tener el valor de desprenderse de todo, de cualquier norma y cualquier asidero convencional, hay que atreverse a dar el gran salto en el cosmos y, entonces, entonces la vida será tan infinitamente rica y desbordante, incluso en el más profundo sufrimiento[25].

Por esta razón, «...si todo este sufrimiento no nos ayuda a ampliar el horizonte, a ser más humanos, a olvidar todas las pequeñeces y cuestiones secundarias de esta vida, entonces habrá sido en vano[26].

---

[23] *Ibíd.*, 2 de julio de 1942, 808.

[24] En sus propias palabras: «El mayor sufrimiento para muchos es la falta de preparación interior, por la que ahora ya perecen miserablemente, antes incluso de haber visto un campo de trabajo. Debido a esta actitud, nuestra catástrofe es completa. Realmente, comparado con eso, *El infierno* de Dante es una alegre opereta», (15 de julio de 1942, 866).

[25] *Ibíd.*, 7 de julio de 1942, 840-841.

[26] *Ibíd.*, 25 de julio de 1942, 878.

En síntesis, Etty vive la experiencia del sufrimiento en estrecha correspondencia con el complejo mundo de su situación familiar, sus relaciones afectivas, las preguntas que confrontan sus contradicciones personales o la amenaza inminente y real de la guerra suscitada por el odio, al ser testigo del dolor de los otros. Es en ese escenario de sus búsquedas interiores, del deseo de conocerlo todo, de su incansable tarea de observar lo que acontece a su alrededor, de sus relaciones, sus duelos, sus luchas, sus anhelos, que se fue tejiendo pacientemente su propia comprensión y talante frente al sufrimiento, como un asunto íntimamente ligado a la vida, necesario para aprender a vivirla a plenitud.

¿Cómo el sufrimiento puede ser fuente de sentido? Dentro de las formas culturales y paradigmáticas de relación con el sufrimiento, Bárcena[27] menciona el modelo heroico, el modelo victimista y el modelo estético. En el intento de comprender la experiencia de Etty, podemos identificar en ella el modelo estético. El sufrimiento que reconstruye y renueva estéticamente la existencia. En Etty, el sufrimiento se recompone en la alegría del artista que se hace su propia imagen de la realidad y la plasma en nuevos modos que significan y resignifican continuamente la vida. Esto es muy claro en una de sus anotaciones:

> Cuando experimento las cosas, pese a todo mi cansancio, sufrimiento o lo que sea, siempre queda esto: mi alegría, la alegría del artista, por observar las cosas y transformarlas en su mente en una imagen propia. Leeré con interés la última expresión en los rostros de los moribundos y la conservaré. Sufro con aquellos con los que hablo cada noche y que la semana que viene trabajarán en un lugar amenazador de esta tierra, en una fábrica de municiones o en Dios sabe dónde, eso si pueden trabajar, pero registro en mí cada peque-

---

[27] BÁRCERNA, «La Prosa del dolor. El aprendizaje de un instante preciso y violento de soledad», 66-67.

ño gesto, cada pequeña manifestación, cada expresión de sus rostros y lo hago con un rigor casi frío y objetivo. Tengo la actitud del artista y creo que más adelante, cuando sienta que es necesario contarlo todo, tendré suficiente talento para hacerlo[28].

Toda su experiencia es recogida de forma breve en éste, un descubrimiento central:

Una vez es un Hitler y otra puede ser Iván el Terrible, un siglo es la Inquisición y otro son las guerras o la peste, los terremotos o la hambruna. En última instancia se trata de cómo soportamos y asumimos el sufrimiento, que es esencial en esta vida, y que, a pesar de todo, podamos conservar intacto un pedazo del alma[29].

Pero quizás el mayor hallazgo en medio del sufrimiento sea el descubrir que, más allá de la razón que llamamos «occidental», existen esas razones que la razón no comprende, que se establecen en medio del pensar, pero se afianzan en el vivir y experienciar, en el orden sapiencial. Etty relata su experiencia de sufrimiento y la de tantos otros; a pesar de su mente inquieta, no se desgasta en consideraciones teóricas, más bien acoge y abraza el sufrimiento, gesto en el cual descubre transformación y horizontes de sabiduría. Es otra gran intuición de esta mujer que expresa en una de sus cartas, en diciembre de 1942:

El sufrimiento humano que hemos visto durante los últimos seis meses y seguimos viendo a diario supera con creces lo que una persona es capaz de asimilar en estos tiempos. Por eso, es habitual oír en todos los tonos posibles: «No queremos pensar, no queremos sentir, queremos olvidar lo antes posible». Y me parece que eso es un gran peligro. Es cierto que están sucediendo cosas que tiempo atrás nuestra razón no hubiera creído posibles. Pero quizá poseemos otros órganos aparte de la razón que antes no conocíamos y que son

---

[28] HILLESUM, 7 de julio de 1942, 839.

[29] *Ibíd.*, 10 de julio de 1942, 846.

capaces de comprender esta realidad desconcertante. Creo que las personas poseen un órgano que les permite asimilar cualquier suceso[30].

Para Etty, el sufrimiento se es un escenario de aprendizaje. De modo que aceptar lo aparentemente inaceptable le produjo una enorme ganancia: la capacidad de asumir el dolor y el sufrimiento de una forma que se aleja de todo masoquismo y que le produce un ensanchamiento interior muy profundo que, a su vez, la moviliza hacia los otros desbordada por el sentimiento de responsabilidad y generosidad. De esta manera, el sentido del sufrimiento para Etty consiste justamente en asumir para transformar, en sentir de un modo particular que la llevará al despertar de los sentidos interiores y a dar el paso de integración del amor *eros* en el amor *agape*.

En el dolor de Etty había sin duda el inicial desconcierto y la duda, y luego la experiencia de ese «exceso de existencia» que fue para ella el proceso de «caer en la cuenta» de la evidencia de la finitud y temporalidad, de esa «incompletud», ansiedad infinita que es movida por la conciencia de su propia vulnerabilidad y, aún más, por la alteridad vulnerada y doliente del otro. Etty vivió una experiencia de dolor, fragmento del mal inevitable que supo reconocer, relativizar, comprender, hasta llegar a sentirse profundamente comprometida. Su itinerario le permitió descubrir la conexión entre dolor, vulnerabilidad y experiencia de Dios. ¿De qué otro modo puede explicarse su certeza interior acerca de la incapacidad de Dios para ayudar al ser humano en el contexto de la guerra que ella vivía? «Tú no puedes ayudarnos a nosotros»[31].

---

[30] *Ibíd.*, carta a dos hermanas en La Haya, final de diciembre de 1942, 1030.

[31] *Ibíd.*, 12 de julio de 1942, 855.

2.3 La experiencia del silencio en la vida de Etty Hillesum

¿Cómo acercarnos al silencio? El silencio es un «no decir», una «no palabra» original y originante. El silencio es ausencia colmada de presencia, el silencio es vacío de vacío, el silencio es la calma, es la paz que habita el alma cuando la vida se pronuncia plenamente. Silencio es pensamiento mudo que contempla extasiado la belleza de la Vida. Silencio es contenerse para dar lugar a la expresión, el modo, la palabra del hermano. Silencio es un paréntesis, una pausa, un momento de lucidez genuina, que abre a infinidad de horizontes, posibilidades, caminos que humanizan.

En toda esta nutrida existencia de Etty, ¿qué lugar ocupaba el silencio? y ¿de qué modo silencio y sufrimiento se enlazan? El encuentro de Etty con el silencio acontece poco a poco, en medio de su confusión personal por los sentimientos encontrados, en la conciencia de su caos interior. En este proceso se siente conducida por el partero de su alma[32], bajo la fuerza de una atracción física que la desborda[33]. En el silencio que fue descubriendo Etty, también tuvo un papel central la experiencia de la guerra, su realidad de exclusión, de odio, de sufrimiento profundo y de muerte.

La disciplina diaria que fue consolidándose, y que desarrolla en su diario, comenzó con el deseo de «escucharse a sí misma». Habría muchas voces resonando, pero ella intuía una en especial que anhelaba escuchar, y curiosamente todo inicia «en el suelo», inclinando la cabeza, en un ejercicio que al comienzo no resulta productivo:

---

[32] Etty llama a Julius Spier el «partero de mi alma».

[33] Junto con el deseo de una pareja estable, aunque ella misma se cuestiona al respecto.

Así que me retiré a la esquina más alejada de mi pequeña habitación, me senté en el suelo, me metí entre dos pare-
des, incliné mi cabeza. Sí. Y estaba allí. Absolutamente quieta,
contemplando mi ombligo, por así decirlo, esperando pia-
dosamente si las nuevas energías querían burbujear en mí.
Mi corazón estaba una vez más congelado y no fluía; todos
los canales estaban bloqueados y mi cerebro estaba atorado
como una pesada tuerca. Y cuando estaba allí sentada, esperaba que algo comenzara a fluir dentro de mí[34].

Con el esfuerzo de este ejercicio que se hizo cotidiano, Etty se va encontrando con la fuerza de atracción del
silencio y descubre el riesgo de la palabra, su peligro y
vaciedad. Cuando la palabra se reduce a instrumento, se
«utiliza», y cuando se ignora que toda palabra es fruto del
silencio y conduce al silencio:

A veces tengo la sensación de que cada palabra que se
dice y cada gesto que se hace aumenta el gran malentendi-
do. Entonces querría sumirme en un gran silencio e imponer
silencio a los demás. Sí, cada palabra aumenta a veces el mal-
entendido en esta tierra demasiado llena[35].

Sin dejar por fuera ninguna de sus experiencias vitales,
Etty, una mujer apasionada, encuentra en sus variaciones
afectivas un ansia de eterna y estable unión que sabe que
no existe y que más bien se parece a la muerte, en su vacío y su silencio:

Anoche no lo quería. Anteanoche lo amaba muchísimo.
Todo cambia siempre. Deseo tanto tener algo sólido. «Nada
es eterno, solo el cambio». A veces no lo recuerdo y quiero un punto estable. Pero eso no existe. Solo en la muerte.
Y puede que esto explique ese deseo por la muerte, por la
nada, por la bóveda protectora del gran silencio. Y ahora a
trabajar, maldita sea[36].

---

[34] HILLESUM, 4 de septiembre de 1941, 188.

[35] *Ibíd.*, 20 de octubre de 1941, 253.

[36] *Ibíd.*, 21 de octubre de 1941, 257.

Su lucha interior la conduce a la experiencia de peque-ños momentos de «quietud» sobre los que ella misma se reprocha, al no permitir que «la quietud se desarrolle en toda su extensión», que sea su estado natural de vida. Reconoce con lucidez que la quietud, ese silencio que busca, pasa por el sobresalto interior, la inquietud, la lucha, el desasosiego, en últimas, el sufrimiento:

> Esta mañana es toda para mí. Y ahora que me obligo a sentarme tranquilamente delante de este cuaderno, me doy cuenta de lo mucho que me cuesta en realidad, de lo mucho que me domina la inquietud y la impaciencia. La excusa es siempre que no tengo tiempo, que he de hacer demasiadas cosas. Pero en el fondo se trata de mi propia inquietud. El silencio no puede desplegarse en toda su plenitud, sino que debo contentarme con los fugaces momentos de tranquilidad e introspección, que ciertamente están cada vez más entretejidos en mi vida cotidiana. Pero es tal mi impaciencia que sigo tropezando con esas pequeñas pausas de silencio y me contento demasiado pronto y pienso que me escucho, [...] Cada vez hay que catapultarse del centro mismo a la inquietud para volver a conquistar una mayor serenidad. Y nunca se puede estar demasiado seguro de nada, pues entonces todo desarrollo se paraliza[37].

La recurrencia de la necesidad de quietud la acompaña: «A pesar de todo, he hecho bastantes cosas. He vuelto a recorrer los confines de mi reino interior, he vuelto a permanecer en completo silencio —aunque no haya estado lo suficiente silenciosa— y me he dado cuenta de lo mucho que lo necesito»[38].

Un hallazgo muy interesante es que el silencio no solo se encuentra en los momentos en que se retira en soledad; el silencio ya habita, ya está en medio del bullicio, la compañía, el estudio, las preguntas. Es un arte, el arte de

---

[37] *Ibíd.*, 20 de febrero de 1942, 455-456.
[38] *Ibíd.*, 20 de febrero de 1942, 462.

encontrar la fuente desde la que interiormente se nutre cada momento de la vida.

> Ya no hay minutos perdidos o momentos de aburrimiento, hay que aprender siempre a descansar entre dos respiraciones profundas o a rezar una pequeña oración de cinco minutos, a pesar de la gran cantidad de gente, de las muchas preguntas y del variado estudio, siempre debes llevar contigo el silencio al que poder retirarte, incluso en medio de una gran agitación o de una conversación intensa[39].

Desde la fuerte influencia de Rilke en su vida, Etty extrae la necesidad de encuentro consigo misma, descubrirse a la escucha permanente de la experiencia de sí misma, ese secreto y silencioso espacio interior debe permanecer:

> Por cierto, debo intentar vivir cada vez más de lo que tengo en mi interior. Y para eso es preciso olvidar continuamente todo lo que se ha absorbido, leído y oído de otras personas. Y creo que seguiré teniendo que estar sola mucho, mucho tiempo, durante meses enteros, y si lo consigo, si encuentro el valor para estar sola durante meses y buscarme a mí misma, buscar lo que es auténticamente mío, tal vez entonces podré decir por fin que he nacido realmente[40].

Por eso su deseo de escribir solamente aquellas palabras...

> ...naturalmente entretejidas en un gran silencio, no aquellas que simplemente sirven para ahogar el silencio y separarlo. Simplemente deberían enfatizar el silencio. [...] Las pocas grandes cosas que importan en la vida se pueden decir en pocas palabras. Odio la acumulación de palabras. Si alguna vez escribiera —¿pero qué?—, me gustaría referirme brevemente a un fondo sin palabras. Para describir el silencio y la quietud y para inspirarlos.
>
> Lo que importa es la relación correcta entre las palabras y la falta de palabras, la falta de palabras en la que sucede mu-

---

39 *Ibíd.*, 29 de marzo de 1942, 562-563.
40 *Ibíd.*, 22 de abril de 1942, 607.

cho más que en todas las palabras que se pueden unir. Y el fondo sin palabras de cada cuento, o lo que sea, debe tener un matiz distinto y un contenido discreto, al igual que las impresiones japonesas. No es un silencio vago e incomprensible, porque el silencio también debe tener contornos y forma. Todo lo que las palabras deberían hacer es prestar la forma y los contornos del silencio. Cada palabra es como un pequeño hito: una ligera elevación en el suelo junto a un camino plano e interminable a través de amplias llanuras[41].

Este deseo de Etty en relación con las palabras está muy en correspondencia con aquella glosa de Panikkar: «El silencio es uno. Las palabras son muchas»[42]. En el fondo, es la búsqueda de lo que este autor llama «el espíritu en la palabra», o la primacía del mito sobre el logos, o la inocencia del que no tiene nada que decir, porque todo ya está dicho.

Y toda calla. Sin embargo, en el vasto silencio hay un nuevo principio, una señal y un cambio[43]

Para Etty, el aprendizaje sobre el sufrimiento y el silencio es una tarea diaria en la que se entremezclan el bullicio, la angustia, la esperanza, la inquietud, el gozo, la palabra, la ausencia, el rechazo, también el abrazo. Sufrimiento y silencio se entrelazan. El sufrimiento se hace camino hacia el silencio. El silencio se nutre de conciencia y aceptación de lo que nos desgarra y conmueve las entrañas. Lo inevitable del dolor y la violencia provocada por el odio se transforma. Surge el artista que describe y colorea de esperanza lo que carece de todo sentido humano.

El silencio se hace elocuente y lúcido bajo el pincel y la pluma de aquel o aquella a quien el sufrimiento no

---

[41] *Ibíd.*, 5 de junio de 1942, 699.

[42] Panikkar, *Obras completas*, 275.

[43] Rilke, *Sonetos a Orfeo*.

amedrenta, porque pacientemente se ha labrado la certeza gozosa de un Amor mayor en su corazón, en su mente, en su cuerpo. Sensación de abrazo de infinito que colma, que calma y que anima en la tarea incansable de ser mano que estrecha, presencia silente para el otro, el «tú» que sufre y padece a nuestro lado, aquí y en las fronteras, en las mil y más guerras que se siguen librando cada día en tantos rincones de nuestro único mundo.

2.4 La sabiduría en la experiencia de Etty Hillesum

El camino de Etty Hillesum, poblado de experiencias, de preguntas, de dolores, de libros, de abrazos, de confusión y de anhelos, es un camino «en la sabiduría», si entendemos la sabiduría «como actitud de fondo que depende de nuestra propia transparencia, de la autenticidad de nuestra vida. La sabiduría es armonía personal con la realidad, unión con el Ser, el Dao, el Cielo, Dios, la Nada...»[44].

En el proceso de reflexión sobre sufrimiento y silencio en Etty Hillesum, hemos logrado establecer que el sufrimiento, como conciencia de una ausencia, como sensación de que algo falta, como necesidad profunda de alivio, en cuanto se hizo en ella experiencia consciente que acepta «aquello que hace falta», representa una evolución que, en el caso de esta mujer, se fue consiguiendo al integrar crecimiento espiritual, madurez afectiva, sentido de alteridad. El camino en la experiencia de sufrimiento la condujo al silencio, que, en perspectiva espiritual, es disponibilidad, pureza de corazón, fruto del desasimiento[45].

---

[44] PANIKKAR, *Obras completas*, 477.

[45] Para Eckhart, el desasimiento es la máxima virtud que el ser humano ha de cultivar, como completo abandono de sí para que el vacío dé lugar al encuentro con lo Divino. Eckhart, *Del desasimiento*, 237-244.

Desde las primeras páginas de su diario, Etty es consciente de la necesidad de «olvidarse de sí», y de la lucha interior que esto supone, por ello afirma: «Todo debe ser más natural y simple: yo misma debo desaparecer por completo.» [...] el olvido de sí se convirtió desde el comienzo en un firme propósito y deseo. Al final de su diario, llega incluso a ver la necesidad de olvidar aquellas palabras que han viciado su sentido. Esa es la finalidad del «olvido de sí», volver a los orígenes, a lo sencillo y simple para recuperar el ser auténtico que somos[46].

Al comienzo, Etty se refirió a la sabiduría como un conocimiento por conquistar, esa «sabiduría sublime de siglos» que reposa en los libros. También escribió sobre el deseo de sumergirse en la «sabiduría de las edades» que la conduciría al fondo de sí misma:

> A veces desearía encerrarme en la celda de un convento, con la sublime sabiduría de siglos en los estantes de la pared y con vistas a campos de trigo —debe haber campos de trigo y estos deben mecerse con la brisa—, y allí me gustaría profundizar en los siglos y en mi interior, y con el tiempo acabaría encontrando paz y claridad[47].

Motivada por sus lecturas, el acompañamiento de Julius Spier y su interés personal, llegó a descubrir su intención de poder detrás de la búsqueda de conocimiento, y pide a Dios sabiduría:

> El conocimiento es poder, lo sé y tal vez sea esa la razón por la que recopilo información, por una necesidad de ser importante. En realidad, no lo sé. Señor, dame sabiduría en lugar de conocimientos. O, mejor dicho, dame solo el conocimiento que conduce a la sabiduría que hace feliz al ser humano, o al menos a mí, y no el conocimiento que da poder. Un poco de paz, mucha tolerancia y algo de sabiduría, estaré bien si siento esto dentro de mí[48].

---

[46] NAVARRO, *Etty Hillesum: mística y humanidad*, 85.

[47] HILLESUM, 4 de agosto de 1941, 154.

[48] *Ibíd.*, 5 de septiembre de 1941, 191.

Así mismo, esa sensación de que la sabiduría habita su interior y clama una salida:

> Dentro de mí hay melancolía y ternura y también sabiduría que busca allí una forma. A veces, pasan por mi mente diálogos enteros. Imágenes y figuras. Estados emocionales. Entonces entreveo, de repente, algo que deberá convertirse en mi propia verdad. El amor por las personas deberá ser conquistado. Pero no en la política ni en un partido, sino dentro de mí misma. Pero también atisbo falsa vergüenza que me impide reconocerlo. Y luego, Dios. «La muchacha que no sabía arrodillarse y aprendió a hacerlo sobre la áspera alfombra de coco en un desordenado cuarto de baño». Pero estas cosas son casi más íntimas que la sexualidad. Querría expresar con todos sus matices este proceso que sucede en mi interior, el de la muchacha que aprendió a arrodillarse[49].

Lo anterior confirma muy bien la descripción de Panikkar acerca de la sabiduría:

> El hombre está habitado, transido hubiera preferido decir, por una doble fuerza, por un dinamismo centrifugo que lo impulsa hacia el exterior atraído por la Belleza que brilla desde fuera, y por un dinamismo centrípeto que lo impulsa hacia el interior aspirado por la Verdad que ha de descubrir en sí mismo. Dejarse llevar sólo por el primer impulso es frivolidad, cuando no concupiscencia, y sólo por el segundo es egoísmo, cuando no soberbia. La sabiduría es la armonía entre la atracción de la Belleza y la aspiración a la Verdad. En el centro se encuentra Bien, que es bello y vero al mismo tiempo, como ya descubrieron los griegos[50].

Puesto que la sabiduría culmina en el comprender la raíz y fuente de las cosas, exige antes un camino, un proceso que implica el acceso al fondo mismo de nuestra existencia. En la vida de Etty Hillesum se conjugaron la experiencia del sufrimiento, su anhelo interior de encontrar salidas a su sensación de caos y atasco espiritual, su conflicto inte-

---

[49] *Ibíd.*, 22 de noviembre de 1941, 285.

[50] PANIKKAR, *De la Mística, experiencia plena de la vida*, 121.

rior de relaciones afectivas, su disciplina personal, la asimilación de sus lecturas, la guía de Spier. Todo ello constituyó camino que, en un lapso relativamente muy corto, generó en ella una particular lucidez de experiencia y de sentido.

Es su experiencia siempre conectada con la realidad, con la vida cotidiana, con los otros, cercanos y distintos, con todos aquellos en los que aprendió a ver su grito interior, su búsqueda en medio del dolor, del odio, de la mezquindad propia de la guerra. De modo que, cuando la guerra y el conflicto difunden desolación y angustia, se hacen evidentes los rasgos más oscuros del ser humano; y crece la sensación de desolación y desesperanza. El peso del sufrimiento tiende a derrumbar la confianza de muchos hombres y mujeres, conduciéndolos hacia el sinsentido. Sin embargo, en el corazón de Etty, el sufrimiento se transforma, amparado en la fuerza del silencio, para mantener a toda costa la apuesta por «lo humano».

El mundo interior y el mundo exterior, con todos sus movimientos y ruidos, fue el escenario de las preguntas existenciales que interpelaron a Etty durante su vida. Su solución no fue huir, tampoco victimizarse, su opción fue vivir en continuo aprendizaje, sin evadir los sucesos, aún los más dolorosos y difíciles. El camino fue el paciente aprendizaje del silencio, en ello sucedió una transformación, una *metanoia*, en la que su cotidianidad y su futuro inevitable se convirtió en su tesoro, en el lugar de la manifestación del «don de ser», ser ella misma.

Así, su experiencia consciente de sufrimiento, junto a su progresiva comprensión de la profundidad del silencio como ese no lugar de la ausencia y del sentido, hizo posible la apertura y disposición a la armonía de una sabiduría, «ciencia del no saber», que va poblando su interior, que la invita a salir de sí, a desear «desenterrar a Dios de los corazones», a «ayudar a Dios», a «ser bálsamo sobre tantas heridas».

PARTE TERCERA

UNA SÍNTESIS QUE SE HACE TAREA DE CADA DÍA

He aquí que Dios, que no nos habla a voces, incita
nuestro silencio colmado de deseo y lo habita.
Su silencio, fuente de nuestra esperanza y nuestro anhelo,
resuena al oído como un incesante: Ve, camina, sigue.
Miguel García Baró

Las palabras del diario de Etty Hillesum, en medio de una guerra en la que el odio y la violencia compiten por ser protagonistas, nos han aproximado al proceso mismo de la experiencia del mal, en la que el drama provocado por el sufrimiento plantea al menos varias reacciones posibles. Entre ellas, la actitud de quien, sometido y subyugado por su propio *pensamiento*, se pone del lado del verdugo, o incluso es el verdugo mismo, que desconoce y que al desconocer aprueba o patrocina el mal y sus consecuencias. En estos casos, se puede llegar a ignorar por completo que existe otro que padece, o se puede, en la mayor de las perversidades, exigir su completa aniquilación del peor modo posible.

A esto se refiere Hannah Arendt, sobre el pensamiento, cuando afirma:

No hay pensamientos peligrosos; lo peligroso es el pensar mismo. Y su aspecto más peligroso, desde el punto de vista del sentido común, es que lo que tenía un sentido mientras se reflexionaba sobre ello, se reduce a humo cuando se intenta aplicar a la vida diaria [...] En el plano práctico, pensar significa que cada vez que topamos con una dificultad en la vida, tenemos que partir nuevamente de cero para tomar una decisión[1].

Otra salida posible, para el caso de la víctima, consiste en enajenarse del pensar, como lo que ocurrió a muchos de los judíos en el gueto o como prisioneros en los campos de concentración. Etty atestigua este caso cuando, en medio de los lamentos de las mujeres en la barraca, se les escucha decir que no quieren pensar. Es por esto por lo que en su momento Etty expresa abiertamente en su diario el deseo de ser ella misma el «corazón pensante» de la barraca. El lamento en el silencio de la noche en la barraca se convirtió para Etty en el escenario de encuentro con la «alteridad del otro». En este sentido, García Baró afirma:

El sufrimiento, este dolor amargo, destructivo y más bien pasivo de vernos sujetos de males que traerán tras ellos infinitas consecuencias desconocidas, no debería inspirarnos asombro o perplejidad, sino que habría de ser un factor conscientemente presente a nuestra existencia en todo tiempo. Lévinas describió perfectamente cómo el enigmático encuentro con la alteridad del otro nos desarma y avergüenza y, todavía más que eso, nos despierta a la responsabilidad y a la individualidad. Su llamada nos confronta con el terrible silencio de lo irreparable, pero nos consuela porque nos saca de nosotros mismos[2].

Este terrible silencio de lo irreparable es, a la vez, un modo de decir, un anuncio, una llamada, una posibilidad que se abre en medio de «lo humano» que se deshace.

---

[1] ARENDT, H., citado por Hans Jonas, *Actuar, conocer, pensar: la obra filosófica de Hannah Arendt*, 25.

[2] GARCÍA BARÓ, *Del dolor, la verdad y el bien*, 85.

3.1 El arte de la alegría interior: sabiduría que brota

En su momento, muchos se preguntaron por el sentido de la firme decisión de Etty de no abandonar el campo de concentración aun teniendo la oportunidad de hacerlo. Se trataba de la perfecta oportunidad para «evitar el sufrimiento de un final atroz y denigrante». ¿Por qué Etty con tal seguridad se niega a aprovechar tal oportunidad?

Para este momento, Etty ya había avanzado en su propio camino[3], que había comenzado en Ámsterdam entre la residencia de Han y el consultorio de Spier. Esta primera fase de su camino buscaba, como ella misma lo precisó varias veces, «poner orden a su caos interior»; y para ello requirió explorar sus propias profundidades, sus pensamientos, sus sentimientos, sus emociones y sus anhelos más hondos.

Consistió en un camino en el que la experiencia del vivir y del contexto familiar, social, político, incluyendo la complejidad de su mundo afectivo en toda su dimensión, no dejaba de estar presente para ella, a la vez que se daba a la tarea de explorar pacientemente su interior en un continuo diálogo que no siempre fue fluido, pero que configuró, sin duda, su actitud ante la situación límite a la que se vio enfrentada. Esta tarea, que emprendió con ella misma, le permitió expresar tranquilamente en su diario:

> Cuando digo a otros: «no tiene el menor sentido huir o esconderse, ya no hay escapatoria, vayamos e intentemos ayudar a otros en lo que podamos», mis palabras desprenden resignación. Desprenden algo que no quiero decir en absoluto. Todavía no logro encontrar el tono adecuado para ese sentimiento ininterrumpido y radiante que hay dentro de mí y que abarca todo el sufrimiento y la tristeza. Sigo hablando en un

---

[3] Con ayuda de Julius Spier, con el apoyo inmenso de sus lecturas preferidas: Rilke, San Agustín, la Biblia, Dostoievski, Tolstoi, entre otras.

tono que parece sacado de un libro de filosofía, como si hubiese ideado una teoría consoladora para hacerme la vida un poco más agradable. Lo mejor será que por lo pronto me calle y me limite a ser[4].

Y más adelante:

Muchos me acusan de indiferencia y pasividad cuando me niego a esconderme; Dicen que me he rendido. Dicen que todos deben tratar de mantenerse fuera de sus garras, es nuestro deber intentarlo. Pero ese argumento es impreciso. Porque mientras todos intentan salvarse, sin embargo, muchos están desapareciendo. Y lo más gracioso es que, de todos modos, no siento que esté en sus garras, ya sea que me quede o me despida. Encuentro toda esa conversación tan cliché e ingenua [...] No me siento en las garras de nadie; me siento segura en los brazos de Dios, por decirlo retóricamente, y no importa si estoy sentada en este antiguo escritorio amado, o en una habitación vacía en el distrito judío, o tal vez en un campo de trabajo forzado bajo la guardia de las SS dentro de un mes. Siempre me sentiré segura en los brazos de Dios.

Muchos me reprochan mi indiferencia y mi pasividad, y dicen que me rindo sin más. Y dicen: todo el que pueda debe intentar no caer en sus garras, es nuestro deber intentarlo. Y me dicen que debo hacer algo por mí. Es un razonamiento que no me sirve. En estos momentos, todo el mundo hace algo para escabullirse pero un gran número de personas, un número altísimo, debe partir ¿no es así? Y lo extraño es que no me siento en sus garras. Tanto si me quedo como si me deportan. Todo eso me parece tan convencional y primitivo, no puedo comprender ese razonamiento, no me siento en las garras de nadie, solo me siento en los brazos de Dios, por decirlo bellamente. Tanto ahora que estoy sentada ante este querido y entrañable escritorio, como dentro de un mes en una habitación desnuda en el barrio judío o quizá en un campo de trabajo bajo la vigilancia de las S.S., creo que siempre me sentiré en los brazos de Dios. Y podrán destruirme físicamente, pero nada más. Y tal vez sea víctima de la desespera-

---

[4] HILLESUM, 9 de julio de 1942, 846.

ción y de las privaciones que ahora soy incapaz de imaginar ni en mis más desatadas fantasías. Y no obstante todo eso es muy poco si se mide con la inconmensurable amplitud de la fe en Dios y mi capacidad de vivir interiormente. Es posible que lo subestime todo. A diario vivo con todas las duras posibilidades que pueden hacerse realidad para mí en cualquier momento y que para muchos, demasiados, ya son una realidad. Soy consciente de todo hasta en los más pequeños detalles, creo que en mis «debates» interiores, permanezco con los pies en el duro suelo de la más dura realidad. Y mi aceptación no es resignación o inercia. Siempre hay espacio para la indignación moral más elemental contra un régimen que trata de esa manera a los seres humanos. Pero las cosas que se nos vienen encima son demasiado grandes y demoníacas como para poder reaccionar con un rencor y una amargura personal. Eso me parece demasiado pueril e inapropiado para estos fatídicos acontecimientos[5].

La certeza de Etty en su decisión de no huir, de desear afrontar el sufrimiento con los demás judíos, resulta para ella muy evidente en cuanto el sufrimiento es mayor si abandona y huye. El sufrimiento se acrecienta en la pasividad del que se retira. Se identifica en sus palabras una expresión más bien de gozo interior al permanecer en el lugar en que debe estar, al lado de quienes requieren sus palabras, su apoyo y compañía.

Incluso llega a afirmar: «Y es una tremenda arrogancia considerarse demasiado valioso para sufrir el destino colectivo»[6]. Un golpe bajo a nuestro ego que busca complacerse tomando distancia de la amenaza.

Imposible omitir que, en este proceso que vivió Etty, una segunda fase de su vida fue convertirse en artista, dibujante de palabras. Ella misma deseaba ser relato, poder dibujar los «contornos de la humanidad». El artista es

---

[5] *Ibíd.*, 11 de julio de 1942, 852-853.

[6] *Ibíd.*, 11 de julio de 1942, 853.

sensible, se conmueve ante aquello que lo inspira. A Etty la inspiraba la humanidad, la vida, todo a su alrededor:

> Rodeada por mis escritores y poetas y las flores en mi escritorio, amaba la vida. Y allí, entre los barracones, llenos de perseguidos y perseguidos, encontré la confirmación de mi amor por la vida. La vida en esos barracones no era otra cosa que la vida en esta habitación protegida y tranquila. Ni por un momento me separé de la vida que se dice que dejé atrás. Había simplemente un gran todo, significativo. ¿Podré describir todo eso un día? Para que los demás también puedan sentir lo hermoso y lo digno de la vida [...]

> Quizá Dios me conceda esas pocas palabras. Palabras llenas de color y de pasión, y también palabras serias. Pero, sobre todo: sencillas. ¿Cómo dibujo esta aldea de barracones entre el brezal y el cielo con unas cuantas pinceladas finas y delicadas y, sin embargo, enérgicas? ¿Y cómo puedo conseguir que otros lean a todas esas personas que han de ser descifradas como jeroglíficos, rasgo por rasgo, hasta tener ante sí una gran unidad legible y comprensible, entre el brezal y el cielo?

> Ahora ya estoy segura de una cosa: nunca podré poner por escrito lo que la vida ha escrito para mí con sus letras vivas. Lo he leído todo con mis propios ojos y lo he experimentado con muchos sentidos. Nunca seré capaz de contarlo de la misma forma. Esto podría sumirme en la desesperación, si no hubiese aprendido a aceptar que hemos de trabajar con las fuerzas que tenemos, aunque sean insuficientes, pero hemos de trabajar con ellas.

> Me paseo entre la gente como si fueran plantaciones y veo cuánto ha crecido la cosecha de la humanidad[7].

La alegría interior brota en tanto en su vida; según se ve, se articulan dos modos de aproximación a la realidad: de una parte, el ser humano que, tras una tarea personal de autoexploración y búsqueda interior, se siente profundamente implicado en el sufrimiento de los otros; de otra parte, el artista en su deseo de dibujar con el trazo de sus

---

[7] *Ibíd.*, 22 de septiembre de 1942, 925.

palabras y de sus silencios este sufrimiento. Una dimensión estética profundamente inmersa en la ética de quien se hace uno con la víctima. ¿Es esto posible? Es claro que no fue fácil, ella misma da cuenta de ello cuando afirma: «Mi cabeza es el taller en el que debo pensar con claridad todas las cosas de este mundo. Y mi corazón es el horno ardiente en el que debo sentirlo y vivirlo todo. Este es, ciertamente, un despertar muy profundo»[8].

En definitiva, el ser humano es cabeza y corazón, intelecto y emoción; y ese justo y necesario equilibrio entre los dos es don y es tarea de cada día. El ceder a la irracionalidad por la emoción lleva al artista hasta enajenarse en su desesperación. El paralizar las emociones en función de mantener intacto el pensamiento lleva a la total insensibilidad que igualmente conduce a la enajenación.

Etty consiguió hacerse parte de su realidad, conmoverse profundamente y cargar con ella, y también logró dibujar los contornos de su tiempo, hacerse su cronista, su intérprete. Aún en la conciencia de la inadecuación de las palabras, Etty se hace expresión permanente de la dimensión estética de la realidad, en la expresión permanente de su certeza en la belleza de la vida. Es el total sentido de vivir aún en medio de la condición más desastrosa de la humanidad.

Así, el pensamiento de García Baró que al comienzo de este libro proponíamos como inspiración,

> La miseria de nuestro tiempo es, desde luego, pobreza, paro, ignorancia, hambre, barbarie devastadora; pero es también y, sobre todo, como se ve tan claramente en aquellas partes de la humanidad que están relativamente al margen de la miseria material, crisis de sentido, engendrada en un como infinito cansancio: como si ya todo se hubiera vivido, aunque se esté empezando, de hecho, a vivir. Como si no hubie-

---

[8] *Ibíd.*, 15 de agosto de 1941, 178.

ra nada que hacer para cambiar y mejorar el mundo y la vida. He aquí, entonces, una de las misiones esenciales, hoy, de un intelectual: recordar que la vida en la búsqueda de la verdad es tanto valor y dolor como profundo gozo; y empezar por recordar, sobre todo, que semejante estilo de vida no sólo existe, sino que es un deber universal para todos los hombres[9].

Se nos revela ahora como una demanda. De modo que, del fondo de la «experiencia consciente del vivir», de la tarea cotidiana de la escucha paciente de la vida en toda su compleja simplicidad, brota la perfecta lucidez que busca impregnar de brillo y transparencia toda la realidad. La alegría interior no es otra cosa que cálido encuentro con la fuente de la que emana toda nuestra existencia: sabiduría de los siglos, secreto grito, tarea irrenunciable, desafío de cada día, gozo profundo que nos invade.

3.2 El lenguaje más elocuente: sabiduría del silencio

En el proceso de escribir esta obra, hemos podido acercarnos al sufrimiento desde diferentes movimientos. Al ser una realidad y condición ineludible, sufrir puede implicar desastre, angustia, odio y devastación. También es posible encontrarse con el sufrimiento de otro modo, orientado por la fuerza interior del ser humano que hace posible comprender, ver de otra manera, transformarse, transformar.

En el relato de Etty Hillesum, el lenguaje de la angustia, del odio, de la violencia, del quebrantamiento, de la desolación, cede su espacio a otro lenguaje más elocuente: el lenguaje del silencio, camino prometedor que afronta en primer lugar «la propia interioridad», esa compleja maraña de temores, añoranzas, caos, voces, deseos, heridas abiertas en el fondo del alma:

---

[9] GARCÍA BARÓ, «La vida intelectual como ideal», 17.

Pasar media hora de quietud contigo misma. No basta con mover los brazos y las piernas y los demás músculos en el baño por las mañanas. El ser humano es cuerpo y mente. Y media hora de gimnasia y media hora de «meditación» juntas pueden crear una base de paz y concentración para todo el día.

Pero no es tan sencillo lograr esa «hora de quietud», debe aprenderse. Antes hay que barrer de nuestro interior toda la basura y las preocupaciones insignificantes. Al fin y al cabo, en una cabeza tan pequeña siempre hay un montón de distracciones irrelevantes. También hay sentimientos y pensamientos edificantes y liberadores, pero siempre hay basura por en medio[10].

En ese lento proceso, el silencio se abre paso poco a poco hasta encontrar la insuficiencia e, incluso, la pequeñez de las palabras:

Me gustaría escribir solo palabras que se inserten de forma natural en un gran silencio, no palabras que solo están allí para ahogar y romper el silencio. Las palabras deberían acentuar el silencio. Como esa estampa japonesa con esa rama en flor en la esquina inferior. Algunas suaves pinceladas, pero con qué atención por el más mínimo detalle, y alrededor un gran espacio, pero no un vacío, sino, llamémosle, un espacio animado. Odio amontonar palabras. Las pocas cosas que importan en la vida pueden decirse con pocas palabras. Si alguna vez llego a escribir —pero ¿qué?— querría pintar algunas palabras en un fondo sin palabras. Será más difícil representar y dar vida a ese silencio y esa quietud que encontrar las palabras para ello. Y lo principal será establecer la justa relación entre las palabras y el silencio; el silencio en el que suceden más cosas que en todas las palabras juntas que se puedan encontrar. Y en cada novela, o lo que sea, el fondo silencioso debe teñirse de una forma distinta y tener otro contenido, como sucede también con las estampas japonesas. No se trata de un silencio difuso e insensible, ese silencio también debe tener su contorno y su forma. Y de ese modo, las palabras solo deben servir para dar al silencio su forma y su con-

---

[10] HILLESUM, 8 de junio de 1941, 128.

torno. Y cada palabra es como un pequeño hito o como una pequeña elevación del terreno al lado de caminos infinitos y amplias llanuras[11].

Más allá de un ligero juicio de «intimismo», pasividad o evasión, invito al lector o lectora de estas líneas a recordar el camino de los grandes maestros espirituales: Teresa de Jesús, Juan de la Cruz, Ignacio de Loyola, Thomas Merton, entre otros. En ellos se llevó a cabo un lento pero progresivo aprendizaje de escucha, receptividad, aproximación a eso Otro de sí. Este se constituyó en el reto de sus vidas; el descubrimiento de la profundidad del alma resultó ser el referente ineludible y el impulso necesario para esa «salida en amor» hacia los otros: el encuentro con su mismidad configuró el hallazgo de la Alteridad radical.

Así, el silencio al que nos referimos es el lenguaje más elocuente de todos porque brota de lo íntimo del corazón. Consiste en aprender a escuchar la voz que resuena sin palabras en el interior. Es receptividad, paciente aprender que lleva al saber, al sabor, la sabiduría de saber escuchar la voz del silencio que nos habla y que conduce ineludiblemente a la donación total.

Esta experiencia personal va tomando el calibre que cada uno le ponga, ligero o pesado. En últimas, la consecución de esta ruta interior del amor describe la claridad con que emerge la divinidad en medio y a través de nuestra propia humanidad.

Nuestro mundo, agobiado por las guerras, las migraciones masivas provocadas por la violencia en sus diferentes manifestaciones, los fanatismos y sectarismos —y todos esos «-ismos» que no hacen más que agravar la situación de inhumanidad en esta tierra—, clama en el grito de la gente humillada y maltratada por una salida dig-

---

[11] *Ibíd.*, 5 de junio de 1942, 699.

na. Sin embargo, hombres y mujeres convencidos de sus pensamientos, que viven enajenados de su propio sentido humano que clama desde dentro sin respuesta, inclinan más y más la balanza hacia la ruptura, la diferencia, la brecha inmensa con el resto de la humanidad, no considerada tal, antes bien, rebajada a la total indignidad.

En circunstancias como éstas, Etty Hillesum, hondamente afectada por la realidad, con un proceso interior muy avanzado, contempla incluso la impotencia de Dios, y así sus palabras brotan del profundo amor que la habita y del que ya es muy consciente:

> Si no caes en la desesperación y si, por otro lado, tampoco te endureces, no te vuelves cínico para protegerte, [...] Puedo soportar este fragmento de la época en que vivimos sin que su enorme peso me aplaste y puedo perdonar a Dios por permitir que las cosas sean como seguramente han de ser. ¡Imagínate tener tanto amor dentro de ti para poder perdonar a Dios![12]

Incluso con una conciencia a toda prueba, Etty nos invita mantener los ojos y la conciencia abiertos hacia todos los rincones del mundo, que se hace pequeño cuando el amor brota del interior:

> Ya os he dicho a menudo que las palabras y las imágenes no bastan para describir una noche como esta. Sin embargo, he de intentar escribiros algo, aquí te sientes siempre como si fueras los ojos y los oídos de una parte de la historia de los judíos, y a veces también siento la necesidad de ser una pequeña voz. Hemos de mantenernos informados sobre todo lo que sucede en este mundo; cada uno ha de poner su granito de arena para que al término de la guerra pueda completarse el gran mosaico del mundo[13].

---

[12] *Ibíd.*, carta a Julius Spier de Julio de 1942, 999.

[13] *Ibíd.*, carta dirigida a Han Wegerif el 24 de agosto de 1943, unos días antes de su deportación definitiva a Polonia junto con su familia, 1140.

Esta comprensión y experiencia de Etty recorre, a lo largo de la historia, las obras de muchos autores y pensadores. ¿Por qué para Pitágoras resulta tan importante la escucha y el silencio? En una frase a él atribuida nos da su clave: «Escucha, serás sabio. El comienzo de la sabiduría es el silencio». Tal parece que quien encuentra el silencio descubre su valor y decide permanecer en él. Esta tarea no es fácil, es paciente y lenta. No olvidemos que hemos tardado alrededor de dos años para aprender a hablar, pero requerimos toda una vida para aprender a callar[14].

El silencio es maestro de sabiduría, maestro de espiritualidad, maestro de vida. No el silencio de la palabra mutilada, no el silencio del grito retenido, no el silencio de una pálida y depresiva tarde de domingo. Se trata del silencio de la vida, encuentro con esa oscura, luminosa, melódica e incandescente fuente que nos habita y en la que habitamos, que nos resuelve el sentido.

Pablo d'Ors[15] ha vivido en su propia experiencia la aventura de búsqueda del silencio: «Como soy de temperamento tenaz, me he mantenido fiel durante varios años a esta disciplina de, sencillamente, sentarse y recogerse; y enseguida comprendí que se trataba de aceptar con buen talante lo que viniera, fuera lo que fuese»[16]. Este autor considera que, en un año o menos de experiencia de silencio, es posible percibir cambios reales en la vida que brindan paz y gozo interior. Estos, según D'Ors, son un derecho y dignifican al ser humano.

La sabiduría tan anhelada inicia en la experiencia del silencio: «...silencio del ego, para que se abra paso la Verdad de Dios, silencio de la superficie y la aparien-

---

[14] Esta idea fue expresada por Hemingway.

[15] Sacerdote español, teólogo y escritor.

[16] D'ORS, PABLO, «Biografía del silencio», 47.

cia, para poder descubrir la vida en lo más hondo de su ser»[17]. Silencio, en fin, experiencia creadora, plenitud de la palabra.

3.3 Celebrar la belleza de la vida «a pesar de todo»: sabiduría que crea

> ...me siento testimonio privilegiado y sutil
> de un capítulo de la historia humana
> Etty Hillesum

Como en los tiempos de Etty, de lo cual no hace mucho, hoy vivimos enredados y atrapados en cantidad de detalles que usualmente nos agobian o nos distraen, o sencillamente nos atrapan. Cuando llegan los momentos de dificultad, cuando se aviene el sufrimiento con toda su fuerza, esa «ausencia de bien» que despoja y desarma la existencia nos toma por sorpresa, pues el dolor merodea libremente por el mundo, a todas sus anchas. Ante esa libertad que nos atropella, no queda otra opción que el liderazgo de nuestra propia libertad:

> La gente se dispersa muchísimo con mil detalles sin importancia que aquí te asaltan día sí, día también; se dejan arrastrar y se ahogan en ellos. Por eso ya no ven las cosas con perspectiva, pierden el rumbo y creen que su vida ha dejado de tener sentido. Se han de tener presente las cuatro cosas importantes de la vida, de lo demás es mejor olvidarse. Y esas cuatro cosas importantes están por todas partes, hay que ser capaces de redescubrirlas una y otra vez en nuestro interior para poder renovarse continuamente. Y a pesar de todo, siempre se llega a lo mismo: la vida es buena, y si a veces las cosas se tuercen tanto no es por culpa de Dios sino nuestra. Y sigo pensando lo mismo, incluso ahora, aunque me manden a Polonia con toda mi familia[18].

---

[17] MARIÑO, «Teresa de Jesús: palabra y silencio», 350.

[18] HILLESUM, carta a Han Wegerif y otros, posterior al 26 de junio de 1943, 1073.

De modo que no hay mejor antídoto contra el sufrimiento que ese sumergirse consciente en la realidad, la realidad que soy en su radical profundidad y dimensión, la realidad que eres, en tu misterio, la realidad que somos, en nuestra necesidad y gozo de acoger y abrazar, sanar y acompañar; la realidad que también clama en las voces o en ese silencio enfermo de los que han sido despojados. De esa conciencia preñada de realidad, Etty nos indica que es posible identificar y extraer «las pocas cosas grandes», las que realmente cuentan en la vida:

> Es cierto que están sucediendo cosas que tiempo atrás nuestra razón no hubiera creído posibles. Pero quizá poseemos otros órganos aparte de la razón que antes no conocíamos y que son capaces de comprender esta realidad desconcertante. Creo que las personas poseen un órgano que les permite asimilar cualquier suceso. [...] Y si nosotros abandonamos a su destino los duros hechos que debemos afrontar irremediablemente, si no los acogemos en nuestra mente y en nuestro corazón para lograr que se asienten y se conviertan en hechos que nos permitan madurar y encontrar algún sentido, no seremos una generación viable[19].

Paciente tarea sin duda, y desafiante para un «ahora» como el que vivimos, saturado de imágenes, sonidos, informaciones y, en ocasiones, presiones de todo tipo. ¿Cómo encontrar y celebrar esa belleza de la vida, a pesar de todo? No olvidemos que el sufrimiento tiene una dimensión profundamente creativa que, como afirma A.-M. Ghadirian[20], implica en el ser humano que sufre la habilidad de levantarse, de crear de entre las cenizas las condiciones que provoquen un cambio, un paso que permita ver en medio de la oscuridad la luz de la esperanza.

---

[19] *Ibíd.*, carta a las hermanas de La Haya, finales de diciembre de 1942, 1030.

[20] GHADIRIAN, *Creative Dimensions of Suffering*, 142-143.

El ser humano posee una asombrosa capacidad de recuperarse, y no solo eso, de su recuperación suele salir renovado, con nuevos modos de ver la vida, de comprender el mundo, y con muchas posibilidades de creación de nuevos sentidos y de expresión de nuevos lenguajes. Por ello, Etty afirma:

> Y un poco más tarde, durante el día, me topo con esta frase de Suarès: «El dolor no es la sede de nuestro deseo sino de nuestra certeza...».
>
> «No defiendo que debamos hacer del dolor una elección. Al contrario, hay que hacer todo lo posible para liberarse de él. Pero hay que conocerlo. El hombre verdadero no es el dueño de su dolor, tampoco huye de él ni es su esclavo: debe ser el redentor de su dolor»[21].

Redimir el propio dolor es tarea de vida y, más aún, sentido que integra y permite descubrir su belleza. Esto es sabiduría, la aceptación de la vida tal y como es, escucha atenta en las entrañas del dolor, escucha que solo se hace posible en otra escucha, en la quietud de la receptividad atenta y sensible al otro, hasta intuir, descubrir, experienciar lo Otro de sí, sabiduría creativa.

3.4 El sentido del otro como sentido de vida: sabiduría que se realiza en el encuentro

> *Nos repartiremos como buenos hermanos*
> *el frío y la oscuridad y la sopa de guisantes y la alambrada,*
> *y puede que hasta lo tengamos que soportar juntos*[22].

No es secreto, y no lo ha sido en el transcurrir de estas páginas, que el propósito final de la vida de los seres humanos es el otro, el prójimo, su bienestar integral.

---

[21] HILLESUM, 15 de diciembre de 1941, 345.

[22] HILLESUM, carta a Osías Korman, septiembre 28 de 1942, 995.

Nuestra vida, como afirma Melloni[23], está hecha toda ella para la plenitud de la receptividad y de la donación. La vida de Etty Hillesum ha sido progresiva evidencia de esta realidad.

El sentido del otro como sentido de vida se realiza sólo desde un movimiento que procede del interior del ser humano. Movimiento que nos invita a «caer en la cuenta» del germen de divinidad del que somos portadores. Este movimiento se inicia con la experiencia consciente de nuestra vulnerabilidad, la condición que portamos y que somos. Experiencia que se hace muy evidente en el dolor, en el sufrimiento que se produce cuando el mal, en cualquiera de sus múltiples representaciones, nos «afecta» y produce la sensación de la derrota, la culpa o el deseo de venganza. Y este momento en que se siente algo así como «la ruptura de la existencia», se constituye en posibilidad, pues «solo la tierra agrietada deja pasar el agua que la sostiene», solo el muro que se quiebra y rompe deja pasar la luz adentro.

Así, en medio de la experiencia de la vulnerabilidad, incluso, vulnerada, el ser humano descubre la necesidad de agudizar sus sentidos; de escuchar atenta y profundamente; de volverse al interior. Necesidad que se traslada al exterior en forma de mirada al hermano, al contexto del mundo; porque el exterior, cuando se sabe mirar, sólo sabe hablar del interior, la Fuente que todo lo anima. Paciente tarea que Etty consiguió con una disciplina diaria de 30 minutos de ejercicio físico y 30 minutos de oración. Toda la vida comienza a verse desde esta experiencia interior que no es otra cosa que la progresiva conciencia del dinamismo divino, lo Otro de sí, Alteridad infinita que nos constituye y que está presente en todas las personas, en la naturaleza, aún en medio del caos más complejo.

---

[23] MELLONI, *El Cristo interior*, 9.

Por lo anterior, el dolor que se hará parte de nuestra existencia, más pronto o más tarde, más fuerte o más suave, acontece del modo en que nos permitamos vivir: como seres apegados a nuestra propia inmediatez, con una cierta ceguera que se hace indiferencia ante el mundo y ante los otros, o como seres descentrados, transparentados, vehiculados en el Amor mayor. Es de esta manera que el descentramiento transforma nuestra mirada y todos nuestros sentidos: «Entretanto sé que cuando hay días en que uno siente aversión hacia el prójimo, se debe a la aversión que siente hacia sí mismo. "Ama a tu prójimo como a ti mismo"»[24].

Por todo lo anterior, la orientación genuina hacia el prójimo está muy distante del altruismo[25], o la filantropía. De lo profundo de nuestra humanidad, en la receptividad que escucha y atiende, en el silencio como experiencia y como acción, conocimiento de sí, emerge el descubrimiento del Otro en el otro. Por esto dice Etty:

> ...creo que nunca podré odiar a una persona por lo que suele llamarse «maldad», sí que me odiaré a mí misma por ello, aunque es exagerado emplear el verbo odiar en este caso. No se puede ser nunca lo bastante flexible con lo que exigimos a los demás ni lo bastante estricto con lo que nos exigimos a nosotros mismos. Y creo que precisamente por eso no tengo miedo en estos tiempos, porque todo lo que sucede me resulta próximo en cierto modo —por monstruosas que sean las dimensiones que pueda adquirir— y tan propio de las personas y siempre se reduce a dimensiones humanas[26].

En estas palabras, Etty reitera sin proponérselo, las palabras de Juan: «no hay temor en el amor» (1Jn,18).

---

[24] HILLESUM, 28 de noviembre de 1941, 298.

[25] Disposición del ser humano en favor de sus semejantes sin expectativas de retribución.

[26] HILLESUM, 27 de marzo de 1942, 557.

El otro, al que se dirige la mirada, el abrazo, la acogida, implica «un *con* o *en* o *por* el otro, lo cual en últimas supone el reconocimiento ineludible del *nosotros*, el *ser con*, la *comunidad*»[27]. Se trata del requerimiento irrenunciable del *encuentro*. No hay sentido del otro sin encuentro, aunque este nos haga aún más vulnerables. Será una vulnerabilidad distinta, arropada por una confianza interior infinita:

> ...lo humano deviene en humanidad al suprimir la distancia y superar la indiferencia que deja expuesta la vulnerabilidad en la proximidad de la alteridad, y que permite comprender el paso de la pregunta, de la queja y de la súplica a la disposición irrefrenable de volverse «bálsamo derramado sobre tantas heridas»[28].

Este convivir, este encuentro, en ocasiones no resulta fácil, como bien lo relata Etty en su diálogo con Klaas Smelik:

> Klaas, en realidad quería decirte esto: nos queda tanto por hacer con nosotros mismos que ni siquiera deberíamos tener tiempo para odiar a nuestros supuestos enemigos. Ya tenemos suficientes enemigos entre nosotros. Y tampoco estoy segura de que entre los nuestros haya verdugos y personas malas. En realidad, no creo en lo que suelen llamarse las «personas malas»[29].

En medio de esta conversación con Smelik[30], Etty se refiere a un judío que había sido uno de los mejores juristas de los Países Bajos, y que en el campo de concentración

---

[27] NAVARRO, *Etty Hillesum: mística y humanidad*, 27.

[28] *Ibíd.*, 28.

[29] HILLESUM, 23 de septiembre de 1942, 929.

[30] Klaas Smelik, amigo de Etty y quien, luego de su muerte, se encargó de buscar el modo de publicar su diario. Lo conseguiría sólo en 1981. Su hijo, que también se llama Klaas Smelik, fue durante años director del Centro Etty Hillesum en Middelburg y promotor de la reflexión y estudio de su obra.

era un hombre infeliz y lleno de odio hacia los alemanes, hasta que, después de varios intentos de suicidio, un día se ahorcó. Se trataba, según ella, de un hombre lleno de miedo, que no pudo enfrentar la realidad. Aun así, Etty insiste: «Quisiera llegar a ese hombre con sus temores, quisiera explorar la fuente de ese miedo, quisiera perseguirlo y empujarlo hacia sus propios territorios interiores, es lo único que podemos hacer en estos tiempos, Klaas»[31].

El odio, el rencor y todo lo que nos distancia no constituyen solución alguna. La incapacidad para odiar solo puede provenir de un corazón transformado que encuentra en el vaciamiento, el donarse, su razón y su sentido:

> Y hemos de ser plenamente conscientes de que cada átomo de odio que añadamos al mundo lo hará más inhóspito de lo que ya es.
>
> Y Klaas, el viejo y tenaz defensor de la lucha de clases, dijo, perplejo y admirado: «Sí, pero eso, ¡eso sería en realidad otra vez el cristianismo!».
>
> Y yo, divertida al ver su repentina confusión, dije con mucha sangre fría: «Sí, el cristianismo, ¿y por qué no?»[32].

Más allá de la reflexión de quienes argumentan desde esta última frase una posible conversión de Etty al cristianismo, el verdadero valor de sus palabras radica en la evidencia de la absoluta convicción de esta mujer, fruto de su total receptividad, acogida y nueva comprensión de su vida transformada en la sabiduría de quien hace de su ser un don para los demás: «He partido mi cuerpo como si fuera un trozo de pan y lo he distribuido entre los hombres. ¿Por qué no? Estaban hambrientos y habían sufrido tantas privaciones»[33].

---

[31] HILLESUM, 23 de septiembre de 1942, 929.

[32] *Ibíd.*, 930.

[33] *Ibíd.*, 13 de octubre de 1942, 964.

CONCLUSIÓN

Luego de aproximarnos tímidamente a un asunto que ha sido y será pregunta para la humanidad, como lo es el sufrimiento, hemos intentado indagar algunos de sus rasgos, su relación con el ser humano. Hemos procurado reconocer las fuentes del sufrimiento hasta llegar a la miseria y la barbarie humanas, pero también al dolor inexplicable, ese que recorre rincones y se instala de pronto en lo profundo del corazón. Lo cierto es que, en el dolor, se vive la experiencia del mal en toda su maldad, esa ausencia de bien y de bondad que nos habla de la contingencia, la humana condición, la vulnerabilidad que somos.

La estructura «quebradiza» que nos constituye, a la vez que nos envuelve, nos muestra simultáneamente la salida a la luz. ¿Cómo ocurre esto? En este «no ver», en esta experiencia de dolor sin fondo, el choque con nuestra propia limitación es el escenario de encuentro con el silencio, la mudez propia de la inadecuación de la palabra ante aquello inconcebible que nos hace padecer. Cuando el grito se ahoga, cuando la queja se apaga, cuando la injusticia se convierte en lágrimas, cuando el dolor de ver al otro desfallecer nos obnubila el sentido, sólo queda el silencio, no como cómplice, más bien como lenguaje, el lenguaje del recinto interior del alma que le abre espacio a su infinito anhelo de perfección. El silencio, entonces, no es el letargo de los sentidos, el silencio es resistencia, es la fuerza en medio de la debilidad, es el deseo del ser de caminar en la experiencia de la profundidad.

El silencio así es un ejercicio. También una experiencia en estrecha conexión con ese arte que consiste en ver con los ojos del alma; es aprender a contemplar, a descubrir con sutileza el tesoro que significamos unos para otros; es encontrar que somos más que comportamientos, gestos, acciones, cuerpos, gritos, éxtasis, sonrisas o lamentos.

Ese fondo de experiencia de escucha y de silencio de vida, que, a fuerza de dolores sin nombre, de injusticias sin rostro, termina por convertirse en llamada, encuentro, abrazo que emana del fondo del deseo, es la morada de la sabia sabiduría. De la estrecha relación existir-amar, del sabor que, superadas las fronteras del conocer, del sobrevivir, del vegetar, del subsistir, se sumerge en la profundidad y conecta con ese invisible hilo que desde el interior más íntimo provee a todos sentido, esperanza, conciencia, «no saber», una sensación de «infinita y graciosa incompletud».

Es por esto por lo que

Me muestras tus últimos misterios, Dios mío, te agradezco que lo hagas, tengo la fuerza necesaria para afrontarlos y saber que no hay respuesta. Hemos de ser capaces de soportar tus misterios. [...] ¿Y no ha habido horas de las que podía decir: «esta hora ha sido como una vida entera y aunque dentro de poco muriese, la vida habría valido la pena»? Y he tenido tantas horas así. ¿Por qué no puedo vivir en el cielo? El cielo existe, ¿por qué entonces no se puede vivir en él? Aunque en realidad es más bien al revés: el cielo vive dentro de mí. Todo vive dentro de mí[1].

Ya no hay minutos perdidos o momentos de aburrimiento, hay que aprender siempre a descansar entre dos respiraciones profundas o a rezar una pequeña oración de cinco minutos, a pesar de la gran cantidad de gente, de las muchas preguntas y del variado estudio, siempre debes llevar contigo el silencio al que poder retirarte, incluso en medio de una gran agitación o de una conversación intensa[2].

La incertidumbre de la vida en su certeza es una provocadora invitación a desplegar la mirada desde el propio mundo interior y aprender así a mirar hacia fuera de otro modo, un modo posible y singular, integrador de historias, un modo resiliente y confiado de encuentro con la realidad en su dureza y en su gracia, en su evocadora llamada a vivir desde la convicción profunda del tesoro escondido que todos compartimos.

---

[1] *Ibíd.*, 15 de septiembre de 1942, 901.

[2] *Ibíd.*, 29 de marzo de 1942, 562-563.

BIBLIOGRAFÍA

AMENGUAL COLL, GABRIEL, «Israel pueblo de la Memoria.» «Ilu, Revista de las Religiones 19 (2014): 7-25.

HANS JONAS, «Actuar, conocer, pensar: la obra filosófica de Hannah Arendt». En: Birulés, Fina. Hannah Arendt: el orgullo de pensar. Barcelona: Gedisa, 2018.

ARISTÓTELES, *Ética Nicomaquea*. Madrid: Gredos, 1993.

ARIZMENDI, PAULA, «Tras la sabiduría perdida del dolor.» Revista Estudios 113, XIII (2015): 153-167.

BÁRCENA, FERNANDO Y OTROS, *La autoridad del sufrimiento: Silencio de Dios y preguntas del hombre.* Barcelona: Anthropos, 2004.

BENEDICTO XVI, *Exhortación Apostólica «Verbun Domini»*.

BLOOM, HAROLD, *¿Dónde se encuentra la sabiduría?* Madrid: Santillana, 2006.

CARDONA SUÁREZ, LUIS FERNANDO, *Mal y sufrimiento humano. Un acercamiento filosófico a un problema clásico.* Bogotá: Pontificia Universidad Javeriana, 2013.

D'ORS, PABLO, «Biografía del Silencio». En: Titivillus, https://www.espiritualidadpamplona-irunea.org/wp-content/

upl.oads/2018/02/Biografia-del-silencio-Pablo-dOrs.pdf (consultado el 5 de abril de 2022)

Diccionario de la Real Academia Española de la Lengua. Madrid, 2001.

ECKHART, «Del Desasimiento». En: Eckhart, El fruto de la nada. Y otros escritos. Edición y traducción de Amador Vega Ezquerra, Madrid: Ediciones Siruela, 1999.

FERNÁNDEZ, MORATIEL, *Desde el silencio*. Bilbao: Desclée de Brower, 2006.

FOSTER, IGNASI, «Perspectiva antropológica del sufrimiento». Revista Espíritu 130 (2004): 263-277.

FREUD, SIGMUND. «El malestar en la cultura». En: Librodot.com, http://www.afoiceeomartelo.com.br/posfsa/Autores/Freud,%20Sigmund/Freud,%20Sigmund%20-%20Malestar%20en%20la%20cultura,%20El.pdf (consultado el 17 de julio de 2022).

GAILLARDETZ, RICHARD R. «Sexual Vulnerability and a Spirituality of Suffering: Explorations in the Writing of Etty Hillesum». Pacifica, 22(1), (2009): 75–89. https://doi.org/10.1177/1030570X0902200105

GARCÍA BARÓ, MIGUEL, «La sabiduría en 7300 caracteres». En: Escuela de filosofía, https://www.fenomenologiayfilosofiaprimera.com/2018/09/garcia-baro-distinguir-para-unir.html (consultado el 25 de marzo de 2022).

—, *Del dolor, la verdad y el bien*. Salamanca: Sígueme, 2006.

—, «La vida intelectual como ideal.» En *Perplejidades y paradojas de la vida intelectual*, por F. Torralba y J. M. Esquirol. Madrid: Caparrós, 2000.

GHADIRIAN, A-M., *Creative Dimensions of suffering*. Illinois: Baha'i, 2009.

GIBRÁN, KHALIL, *El profeta*. Móstoles: Gaia, 2009.

GÓMEZ NAVARRO, EUSEBIO, *¿Por qué a mí? ¿por qué ahora? Y ¿por qué no? Sentido del sufrimiento.* Bilbao: Desclée de Brower, 2009.

GUERRA, SANTIAGO, «Teología del silencio.» En *El silencio*, por J. Castellano Cervera y otros, 51-72. Castellón: Fundación Desierto de las Palmas, 2006.

HILLESUM, ETTY, *Obras Completas.* Burgos: Fonte, 2020.

IBARMIA, FRANCISCO, «Teología del dolor en la Biblia.» *Revista de Espiritualidad* 49 (1990): 197-228.

LÓPEZ-MUÑOZ, FRANCISCO; ÁLAMO, CECILIO, «El tratado del hombre: interpretación cartesiana de la neurofisiología del dolor». Asclepio 52(1) (2000): 239-267

— ,«El tratado del hombre: interpretación cartesiana de la neurofisiología del dolor». *Revista Asclepio* 52 (2000): 239-267.

MARINA GONZÁLEZ, PEDRO A., «Psiquiatría y dolor crónico». *Psicosomática y Psiquiatría.* 1 (2017) abril, https://doi.org/10.34810/PsicosomPsiquiatrnum0107

MARCEL, G., «Presencia e inmortalidad». *Cuadernos Salmantinos de Filosofía* 46 (2019): 273-284.

MERSKEY, HAROLD Y BOGDUK, NIKOLAI (EDITORES), «Pain Terms: A Current List with Definitions and Notes on Usage». International Association for the Study of Pain IASP, Task Force on Taxonomy, https://s3.amazonaws.com/rdcms-iasp/files/production/public/Content/Content-Folders/Publications2/ClassificationofChronicPain/Part_III-PainTerms.pdf (consultado el 7 de marzo de 2022).

JUNGER, ERNST, *Sobre el dolor. Seguido de La movilización total y Fuego y movimiento* (trad. Andrés Sánchez Pascual). México: Tusquets, 2008.

LACTANCIO, *La obra creadora de Dios, La ira de Dios.* Madrid: Ciudad Nueva, 2014. https://ciudadnueva.com/pdf-primeras/BPa96.pdf (consultado el 6 de junio de 2023).

Lois, Julio, «El silencio de Dios y el sufrimiento del hombre». En: F. Bárcena y otros, *La autoridad del sufrimiento, silencio de Dios y preguntas del hombre*, Barcelona: Antrhopos, 2004.

López Casquete, Manuel, *Las dos puertas, la reconciliación interior en la experiencia del silencio*. Bilbao: Desclée de Brower, 2007.

Marcel, Gabriel, *Homo Viator*. Salamanca: Sígueme, 2005.

Mariño, María José, «Teresa de Jesús: Palabra y Silencio.» *Revista Espiritualidad* 73 (2014): 347-371.

Mejía, María; Díaz, Vanessa y Paulo, Manuel, «El Médico ante el dolor humano». *Revista venezolana de Sociología y Antropología* 15/42 (2005), 88-103.

Melloni, Javier, *El Cristo interior*. Barcelona: Herder, 2010.

Navarro, Rosana, *Etty Hillesum: Mística y humanidad*. Bogotá: Pontificia Universidad Javeriana, 2017.

Panikkar, Raimond, *De la Mística, Experiencia plena de la vida*. Barcelona: Herder, 2005.

—, *Obras Completas*. Tomo I, Vol. II. Barcelona: Herder, 2015.

Paoli, Arturo, *El silencio, plenitud de la palabra*. Madrid: Paulinas, 1992.

Pérez, José María, «El dolor y el sufrimiento en las grandes religiones». *Revista Crítica*, 981 (2012): 46-51.

Rahner, Karl, *Encounters with the silence*. Westminster, Maryland: The Newman Press, 1966.

Ramírez Agudelo, Yefrén Antonio, «El sufrimiento en Gabriel Marcel». *Estudios Filosóficos* LXVI (2017): 525-542.

Rilke, Rainer María, *Sonetos a Orfeo*.

Stendhal, citado por Ballano Olano, Inmaculada. *Stendhal en España, un siglo de recepción crítica*. Bilbao: Universidad de Deusto, 1993.

TORRES QUEIRUGA, ANDRÉS, «La realización concreta de la esperanza: el mal desde la cruz y la resurrección.» *Theologica Xaveriana* 154 (2005): 267-292.

—, *Repensar el mal*. Madrid: Trotta, 2011.

VÍLCHEZ LÍNDEZ, JOSÉ, *Sabios y Sabiduría en Israel*. Madrid: Verbo Divino, 1995.